1m로 뚝딱 만드는

아이 옷과 소품

Lady Boutique Series No.3766
1m TSUKAIKIRI! KODOMO NO HUKU TO KOMONO
Copyright ⓒ 2014 by BOUTIQUE-SHA
All rights reserved.
First published in Japan in 2014 by BOUTIQUE-SHA, Tokyo
Korean language edition ⓒ 2015 by Mentor Books Co., Seoul
Korean translation rights arranged with BOUTIQUE-SHA
through Shinwon Agency Co., Seoul

1m로 뚝딱 만드는

아이 옷과 소품

부티크사 지음 한수진 옮김 이현주 감수

노란우산

1m로 뚝딱 만드는
아이 옷과 소품

1판 1쇄 2015년 5월 26일

지은이 부티크사   **옮긴이** 한수진   **감수** 이현주
펴낸이 정연금   **펴낸곳** 멘토르
책임편집 김미숙   **책임진행** 강지예
기획 이동근, 조원선   **마케팅** 나길훈   **경영지원** 김용희
디자인 想 company

등록 2004년 12월 30일 제302-2004-00081호
주소 서울시 광진구 능동로 331 2층
대표전화 02-706-0911   **편집부** 02-706-0910   **팩스** 02-706-0913
홈페이지 www.mentorbook.co.kr   **전자우편** yellow_pub@naver.com
ISBN 978-89-6305-706-4(13590)

멘토르출판사와 노란우산은 여러분의 참신한 아이디어와 소중한 원고를 기다리고 있습니다.
좋은 기획안 또는 원고는 mentor@mentorbook.co.kr로 보내주십시오.

감수의 글

저는 두 딸아이를 키우는 엄마입니다.
아이들이 어릴 때부터 직접 옷을 만들어 입히며 커다란 즐거움과 뿌듯함을 느꼈습니다.
하나하나 알아가면서 처음으로 완성하는 옷은 서툴고 엉성해도
엄마의 눈에는 어떤 옷보다 예쁘고 특별하게 기억될 것입니다.

이 책은 1m의 원단으로 알뜰하게 만들 수 있는 아이 옷과 소품을 소개하고 있습니다.
사이즈가 다양한 편은 아니지만 귀엽고 아기자기한 느낌의 옷이 가득합니다.
옷뿐만 아니라 모자, 머리띠, 가방 등 각종 소품도 함께 만들 수 있어
다양하게 활용할 수 있는 책이라고 생각합니다.

특히 원단에 직접 도안을 그려서 만드는 것이 특징으로
옷 만드는 과정을 그림으로 자세하게 설명하고 있어 누구나 쉽게 따라 할 수 있으니
아이 옷을 처음 만드는 분이라면 쉬운 바느질부터 차근차근 시작해 보시기를 권해 드립니다.

내 손으로 직접 만든 옷을 내 아이에게 입히는 즐거움과 행복감을
여러분도 함께 느낄 수 있기를 바랍니다.

이현주(나나)

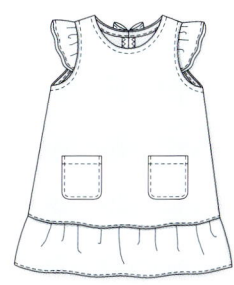

Contents photo/how to make

아이를 위한 시간

아이들이 즐겁게 뛰어놀 때
눈을 반짝이며 그림책을 볼 때
화창한 날 소풍 갈 때
엄마와 눈을 맞추고 함박웃음 지을 때
함께하고 싶은 옷과 소품을 모았습니다.

엄마의 작은 정성이
아이들의 가장 사랑스러운 순간을
더욱 빛낼 수 있기를 바랍니다.

프렌치소매
원피스

소매를 따로 달아주지 않아도 돼서
간편하게 만들 수 있는
프렌치소매 원피스예요.
심플하면서도 동화적인 느낌의 옷이죠.
2번은 리본만 다르게
장식한 응용 작품이에요.

how to make p42

1

2

어깨리본 튜닉 & 배낭

어깨에 리본이 달린 튜닉을 입고
등에 작은 배낭을 메면 당장에라도 소풍 가고 싶어질 거예요.
체크무늬 튜닉은 레이스를 달아 사랑스럽고
노란색 꽃무늬 튜닉은 화사해 보여요.

how to make p46

3

4

5

6

스목 원피스 & 조리개 가방

예쁘게 주름이 잡힌 스목 원피스.
밑단에 테이프를 붙여서 깔끔하게 마무리했어요.
조리개 가방도 함께 선물해서
자신의 물건을 스스로 챙기도록 도와주세요.

how to make p50

8

7

9

10

세일러 셔츠 & 바지

단정하면서 명랑한 느낌의 세일러 셔츠는 여자아이에게도
남자아이에게도 잘 어울려요.
더블거즈 원단의 안과 겉을 모두 활용해서 완성했어요.
원단 하나로 또 다른 느낌을 줄 수 있어 재미있답니다.

how to make p54 · 58

11

13

12

14

여자아이의 호박바지 뒤쪽에 리본을 달아 주세요.

세일러 칼라에 달린 곡선 테이프가 귀여워요.

가지고 있는 다른 상의와도
쉽게 코디할 수 있어요!

캐미솔 원피스 &
토끼 머리띠

캐미솔 원피스의 끝단을 프릴로 장식했어요.
세트인 토끼 머리띠가 깜찍함을 더해 주지요.

how to make p60

16

15

17

캐미솔 & 호박바지 & 꽃 머리끈

캐미솔의 풍성한 볼륨이 호박바지와 잘 어울려요.
어깨끈을 내리면 스커트로도 활용할 수 있어요.
간단하게 뚝딱 만들 수 있는 꽃 머리끈도 포인트 아이템이에요.

how to make p63

18

19

프릴 튜닉 & 스커트

새하얀 더블거즈로 만든 튜닉이 아주 산뜻해요.
가슴 부분에는 프릴을 달아 주었지요.
레이스로 끝단을 처리한 스커트는 어디에나 잘 어울리는
편리한 아이템이에요.

how to make p66

20

21

아플리케 블라우스 & 바지 & 슈슈

리본을 아플리케한 블라우스.
리본의 모양을 자유롭게 꾸며도 좋아요.
더블거즈 원단의 뒷면을 이용해서 바지와 슈슈도 만들어 보세요.

how to make p69

23

22

24

일자소매 원피스 & 보자기 가방

몸통과 소매가 통으로 연결된
직선 느낌의 원피스예요.
넓은 소매가 활발한 아이에게 잘 어울린답니다.
보자기 가방도 함께 마련해 주세요.

how to make p72

25

26

티어드 원피스

주름을 풍성하게 잡은 깜찍한 티어드 원피스.
세련된 블랙 앤 화이트 깅엄체크 원단으로
멋쟁이 룩을 완성해 보세요.

how to make p76

27

앞트임 원피스 & 개더백

다른 스커트와 매치해서 입기 좋은 원피스예요.
예쁘게 주름을 잡은 개더백도 만들어서 들고 다니면 좋겠죠.
* 원피스 아래 입은 스커트는 이 책의 21번 작품이에요.

how to make p80

양쪽리본 원피스 & 둥근바닥 가방

양옆에 리본이 달린 원피스는 옆모습도 무척 사랑스럽답니다.
둥근바닥 가방은 넉넉한 사이즈라
엄마가 사용해도 좋아요.

how to make p84

30

31

프릴 원피스 & 슈슈

밑단을 2단의 프릴로 장식한 원피스입니다.
가슴에 달린 큰 리본은 브로치 형태이기 때문에
기분에 따라 떼거나 슈슈에 달아도 좋아요.

how to make p87

32

33

날개소매 원피스

시원한 느낌의 파스텔 블루 원피스.
날개처럼 하늘하늘한 소매가 여자아이에게 잘 어울려요.
목 뒤의 리본이 깜찍함을 더해 주지요.
리플 원단은 구김이 적어서 관리하기도 편하답니다.

how to make p90

34

항아리 튜닉 & 뒷주머니 바지

밑단을 살짝 조여 볼륨감을 살린 항아리 튜닉과
뒷주머니가 달린 바지가 한 벌이에요.
자연스러운 색감의 원단에 물방울무늬가 더해져 인상적이죠.
활발한 꼬마 아가씨에게 잘 어울려요.

how to make p92

35

36

레이스 칼라 블라우스 &
리본 스커트 & 엄마 슈슈

블라우스에 레이스를 칼라처럼 달아
단정하면서도 사랑스러워요.
스커트의 리본은 상의에 가려지지 않도록
조금 아래쪽에 달아 주세요.
큼직한 슈슈는 엄마가 사용하기에 좋아요.

how to make p95

38

39

37

콩비네종 & 클로슈

아이들이 편하게 입을 수 있는 콩비네종을
꽃무늬 원단으로 만들어 낭만적인 이미지를 연출했어요.
여섯 조각을 이어 붙인 클로슈를 머리에 쓰면
화창한 날 외출하기 좋겠죠.

how to make p98

40

41

카고바지 & 캡

세련된 짧은 기장의 카고바지와 한 세트인 캡은
스트라이프 원단을 사용해 경쾌한 느낌을 줘요.
보이시한 패션을 좋아하는
여자아이에게도 잘 어울리는 아이템이죠.

how to make p102

42

43

레이스 블라우스 & 바지

직선으로 디자인한 블라우스.
가슴 부분에 넓은 레이스를 덧대어 멋지게 완성했어요.
한 벌인 바지는 밑단을 접어서 레이스를 드러내도 예쁘고,
밑단을 내려서 레이스가 살짝만 보이게 해 줘도 좋아요.

how to make p106

44

45

밑단을 내리면
레이스가 쏙 들어가요!

멜빵 스커트 & 에코백

아동복의 기본이라 할 수 있는 멜빵 스커트는
평상시에 입기 편한 캐주얼한 복장이죠.
여기에선 화사한 핑크색과 발랄한 파란색 원단으로 만들어 보았습니다.
에코백도 함께 만들어 주면 좋겠죠.

how to make p110

46

47

49

48

리본 블라우스 & 머리핀 & 포셰트

귀여운 블라우스에 여자아이들이 좋아하는 예쁜 리본을 붙여 주세요.
심플한 원단이라 마음껏 리본을 달아도 좋아요.
블라우스 소매에 달린 리본은 브로치 형태라 뗄 수도 있지요.

how to make p114

50

51

52

스목 원피스 &
요요퀼트 머리끈과 머리띠

사랑스러운 꽃무늬 원단으로 단순한
형태의 원피스를 만들어 보았습니다.
요요퀼트로 만든 머리띠가 매력 포인트.
단정하게 묶고 싶을 때는 머리끈을 이용하세요.

how to make p117

53

55

54

🧵 치수 재는 방법

※ 자연스럽게 선 상태에서 줄자를 이용해 측정합니다.

어린이 사이즈 표

(단위=cm)

명칭 \ 사이즈	100cm	110cm
신장	95~105	105~115
가슴	54	58
허리	51	53
엉덩이	55	61
등 길이	25	27
소매길이	32	37
밑위	17	18
밑아래	38	43
머리 둘레	52	54

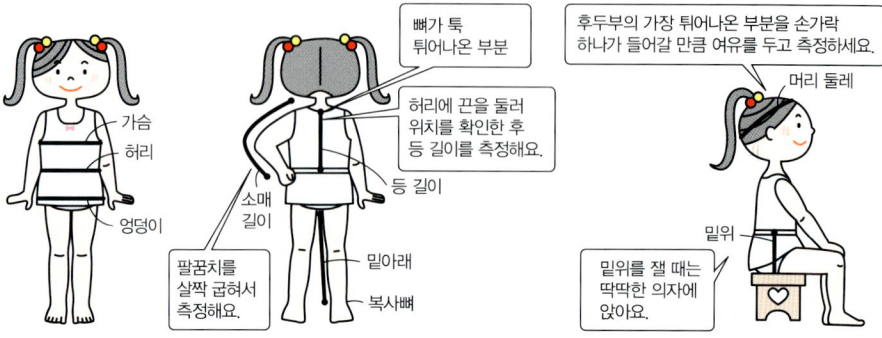

🧵 원단 다루는 방법

면, 마 같은 천연섬유는 물에 젖으면 줄어드는 성질이 있습니다. 재단하기 전에 가볍게 빨아서 미리 줄어들게 하여 사용하세요.
물기가 덜 마른 상태에서 건식 다리미로 천의 가로와 세로를 바로잡으며 간단히 주름을 없애는 방식으로 말린 후 천의 폭을 확인합니다.

🧵 접착심 붙이는 방법

접착심은 보통 원단에 힘을 줄 때 사용합니다. 다리미로
마구 문지르지 않고 꾹꾹 누르듯이 해서 다림질합니다.
절반씩 겹쳐 누르며 틈이 생기지 않도록 해 주세요.

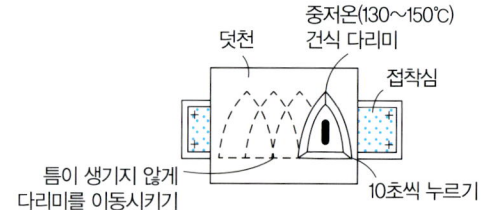

🧵 고무밴드 넣는 방법

옷이나 가방에 고무밴드 혹은 끈을 꿸 때는 '안전핀'이나
'고무줄 끼우개'를 사용합니다.

〈안전핀〉 　〈고무줄 끼우개〉

🧵 바느질 순서

※ 옷을 만들기 전에 꼭 읽어 주세요.

1 원단 준비

폭이 다른 원단을 사용할 때는 재단 도안에 적혀 있는 폭만큼 잘라서 사용하세요. 양쪽 가장자리에 변폭(가장자리의 올이 풀리지 않도록 짜인 부분)이 있다면 잘라 내거나 가위집을 넣습니다. 원단에는 식서 방향, 푸서 방향이 있는데 식서 방향은 원단이 풀리는 방향이며 원단이 늘어나지 않고, 푸서 방향은 식서의 직각 방향이며 원단이 늘어납니다.

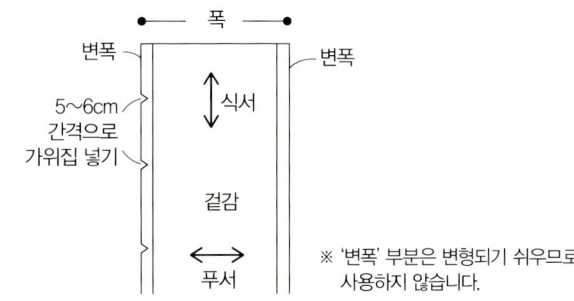

2 원단 접는 방법

재단 도안의 아래쪽에 위치한 접는 기호(⬤━⬤, ⬤••⬤, ⬤•⬤)에 따라 오른쪽과 같이 접어 주세요.

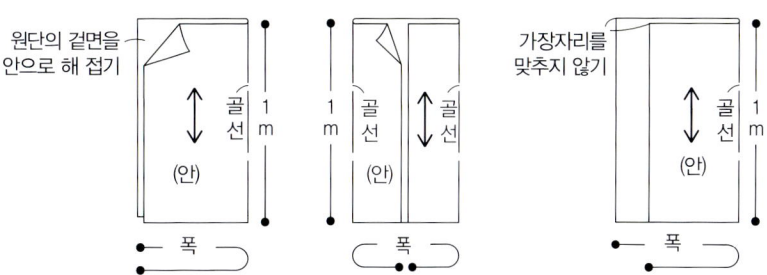

3 패턴 그리기

※ 이 책의 작품은 원단에 직접 선을 그려서 만들기 때문에 실물 패턴이 필요하지 않습니다.

시접 : 도안에는 시접이 포함되어 있습니다(일부 작품 제외). ❶·❸과 같은 '원숫자'가 시접의 치수입니다. 원단에 숫자를 적어 놓으면 편리할 뿐만 아니라 실수도 줄어듭니다.

사이즈 : 이 책은 두 사이즈(100cm, 110cm)로 준비되어 있습니다. 각각 색깔로 구분하여 표기되어 있고 하나뿐인 검은색 숫자는 공통으로 사용합니다.

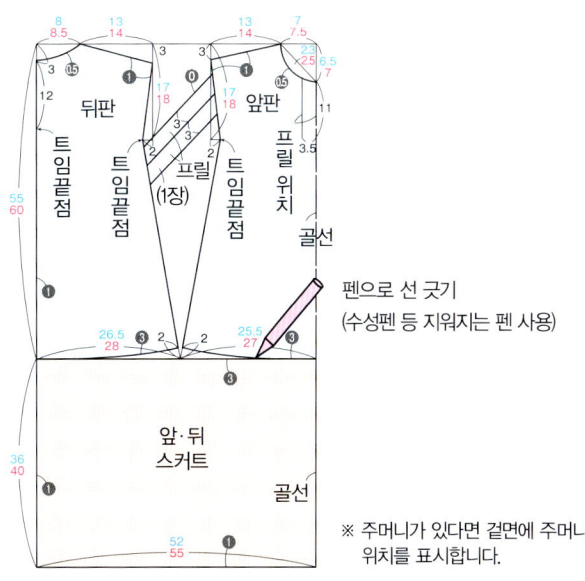

4 재단하기

굵은 선을 따라 가위로 재단해 주세요. 먼저 큰 부분부터 자른 후 세밀한 부분을 자르도록 합니다. 시접이 드러나는 부분(옆선, 어깨선 등)은 가장 처음에 지그재그 스티치 또는 오버로크 처리를 해 둡니다.

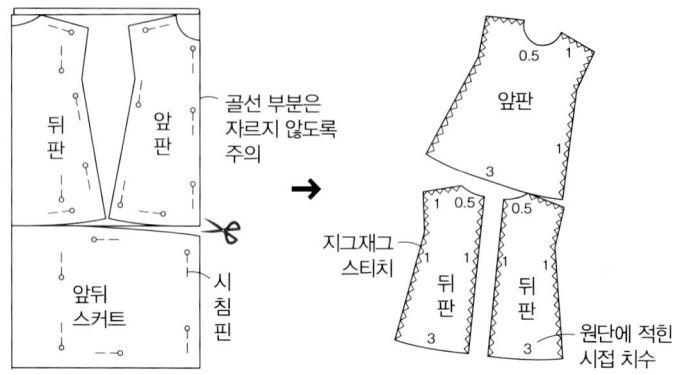

골선 부분은 자르지 않도록 주의

뒤판

앞판

앞뒤 스커트

시침핀

앞판

0.5   1

3

1

지그재그 스티치

1   0.5   0.5   1

뒤판   뒤판

1   1

3   3

원단에 적힌 시접 치수

5 바느질하기

순서대로 옷을 만들어 주세요. 원단 가장자리에 시접 치수만큼 안쪽으로 들어간 곳을 바느질합니다. 완성선(재봉 위치)이 그려져 있지 않아서 불안하다면 미리 표기를 해 두는 것도 좋은 방법이지요.

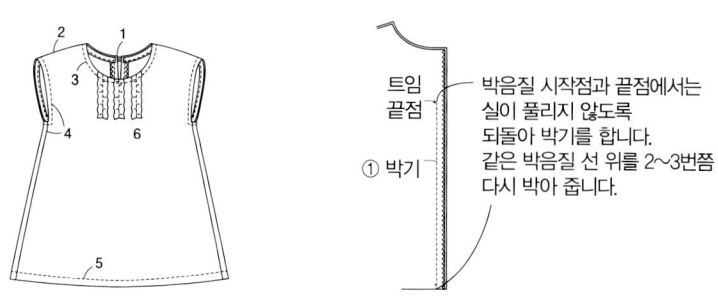

2   1

3

4   6

5

트임 끝점

① 박기

박음질 시작점과 끝점에서는 실이 풀리지 않도록 되돌아 박기를 합니다. 같은 박음질 선 위를 2~3번쯤 다시 박아 줍니다.

🧵 바느질 방법

1 패브릭 루프 만들기

※ 패브릭 루프는 남는 원단으로 만듭니다.

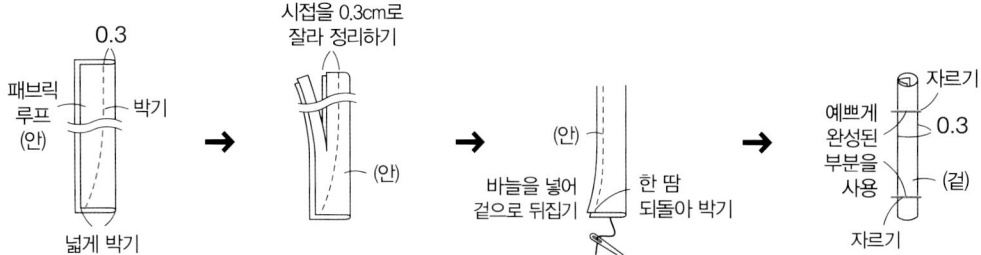

0.3

패브릭 루프 (안)

박기

넓게 박기

시접을 0.3cm로 잘라 정리하기

(안)

(안)

바늘을 넣어 겉으로 뒤집기

한 땀 되돌아 박기

자르기

0.3

예쁘게 완성된 부분을 사용

(겉)

자르기

2 패브릭 루프 끼워 박기

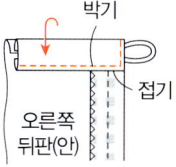

접기
오른쪽 뒤판(안)

박기
패브릭 루프 끼우기
오른쪽 뒤판(안)
1   0.5

박기
접기
오른쪽 뒤판(안)

3 고리 만들기

4겹 접기
0.1박기

3
접기

4 바이어스 만들기

※ 바이어스는 남는 원단으로 만듭니다(45° 각도로 사선 재단합니다).

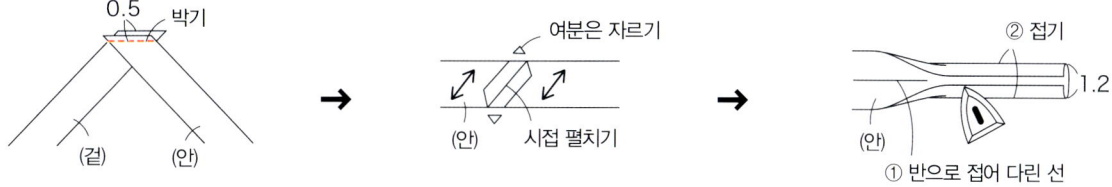

0.5 박기
(겉)   (안)

여분은 자르기
(안) 시접 펼치기

② 접기
1.2
(안)
① 반으로 접어 다린 선

5 바이어스 다리기

※ 바이어스는 목둘레의 곡선에 맞춰 미리 디림질을 해 둡니다.

(겉)

6 공그르기

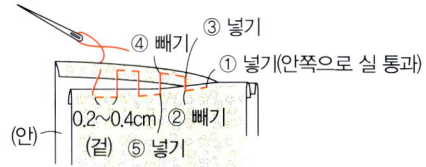

③ 넣기
④ 빼기
① 넣기(안쪽으로 실 통과)
(안)
0.2~0.4cm ② 빼기
(겉) ⑤ 넣기

7 쌈솔 바느질

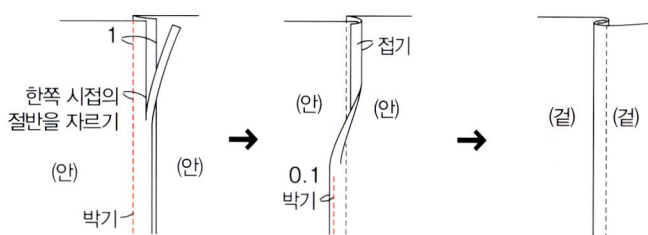

1
한쪽 시접의
절반을 자르기
(안)   (안)
박기

접기
(안)   (안)
0.1
박기

(겉)   (겉)

how to make 프렌치소매 원피스 p10~11

🪡 재료
- 원　단 : 면(폭 110cm×길이 100cm)
- 부자재 : 바이어스 테이프(폭 1.27cm×길이 120cm)
　　　　　단추 1개(지름 1.3cm)

🪡 일러두기
- 이 도안은 110cm 사이즈를 기준으로 작성되었습니다.
- 먼저 재단 도안의 굵은 선을 따라 자른 후, 시접 치수(❶과 같은 원숫자)만큼 들어간 안쪽에서 바느질합니다.
- 겹쳐진 숫자는 100cm/110cm 사이즈이며, 검은색은 공통 사이즈입니다.

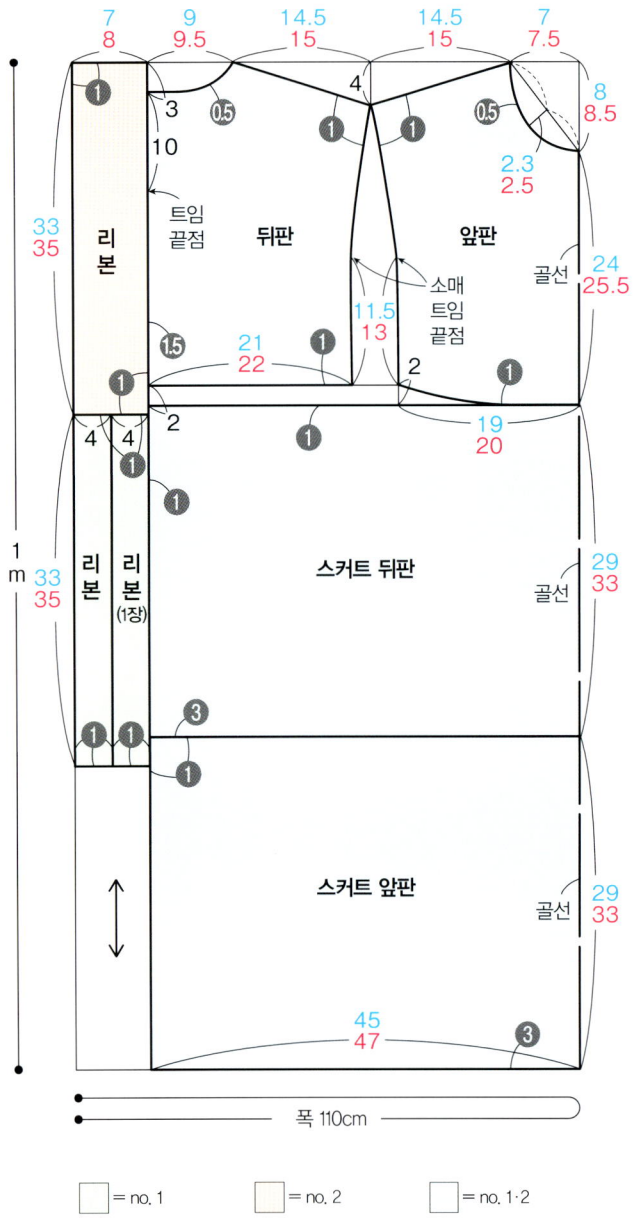

🪡 바느질 순서 : 프렌치소매 원피스(no.1·2)

1 뒤판 중심선을 박고 트임 만들기
2 어깨선 박기
3 목둘레 처리하기
4 소맷부리, 옆선 박기
5 스커트 만들기
6 몸판과 스커트 연결하기
7 단추 달기
8 리본 만들어 달기

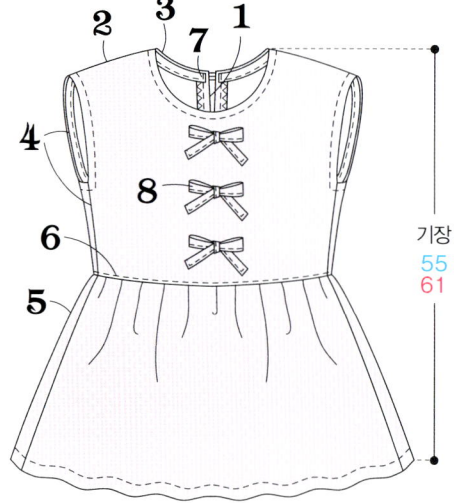

☐ = no. 1　　☐ = no. 2　　☐ = no. 1·2

042

1 뒤판 중심선을 박고 트임을 만든다

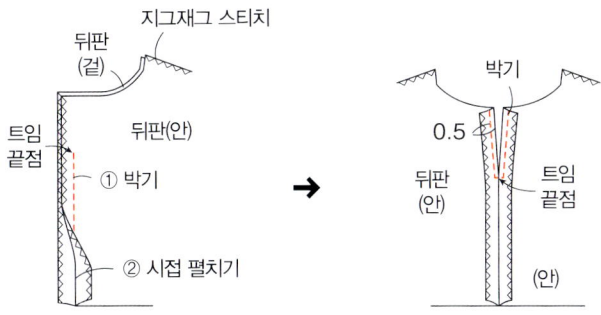

지그재그 스티치
뒤판(겉)
트임 끝점
뒤판(안)
① 박기
② 시접 펼치기
박기
0.5
뒤판(안)
트임 끝점
(안)

2 어깨선을 박는다

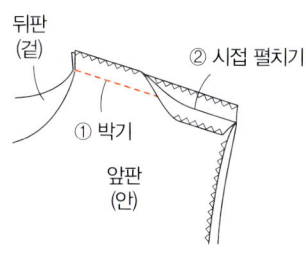

뒤판(겉)
② 시접 펼치기
① 박기
앞판(안)

3 목둘레를 처리한다

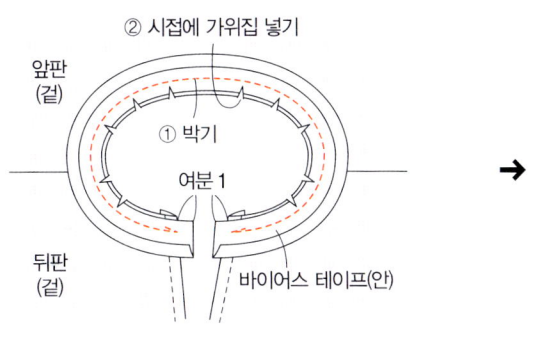

② 시접에 가위집 넣기
앞판(겉)
① 박기
여분 1
뒤판(겉)
바이어스 테이프(안)

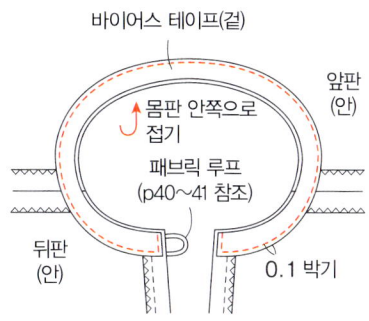

바이어스 테이프(겉)
앞판(안)
몸판 안쪽으로 접기
패브릭 루프 (p40~41 참조)
뒤판(안)
0.1 박기

4 소맷부리, 옆선을 박는다

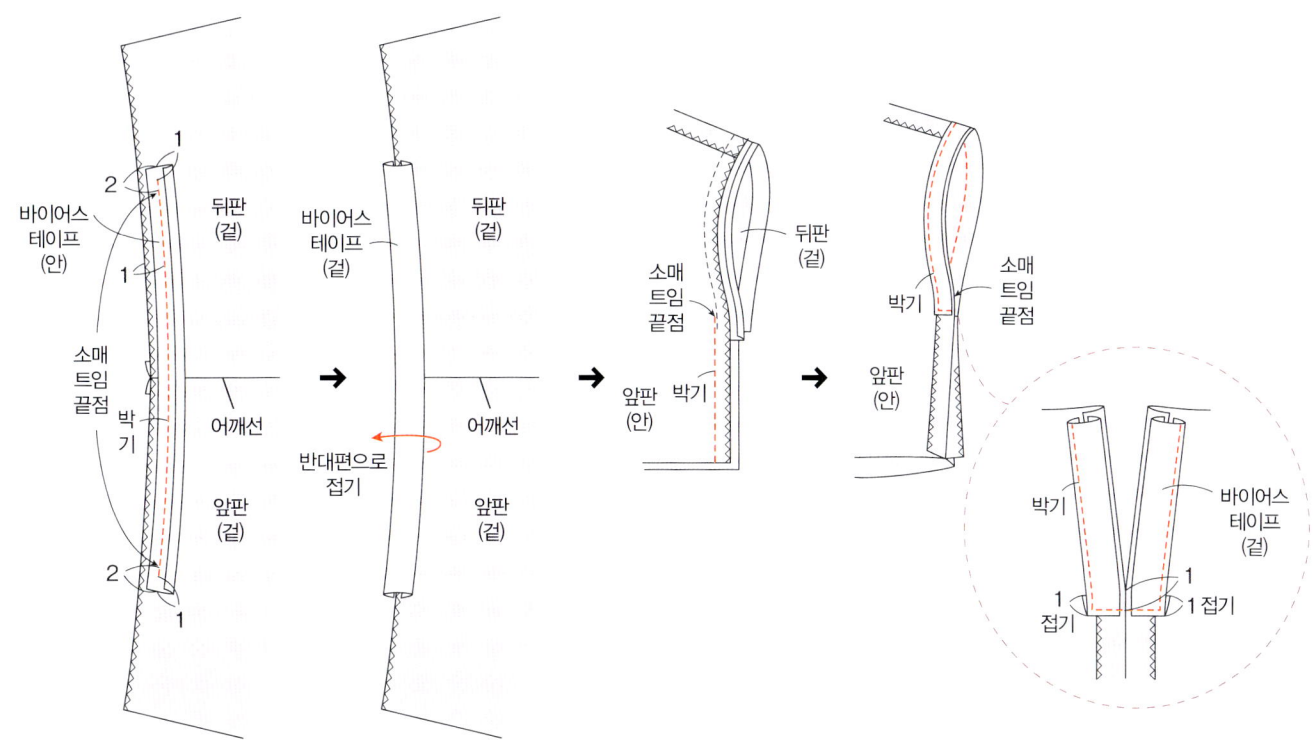

1
2
바이어스 테이프(안)
1
소매 트임 끝점
박기
2
1
뒤판(겉)
어깨선
앞판(겉)

바이어스 테이프(겉)
뒤판(겉)
반대편으로 접기
어깨선
앞판(겉)

소매 트임 끝점
박기
뒤판(겉)
앞판(안)

박기
소매 트임 끝점
앞판(안)

박기
바이어스 테이프(겉)
1 접기
1 접기

5 스커트를 만든다

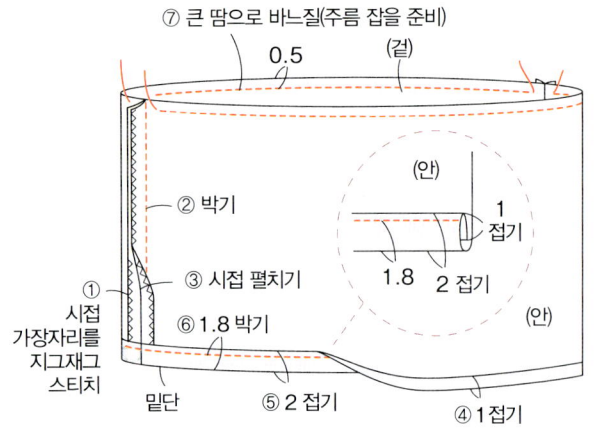

⑦ 큰 땀으로 바느질(주름 잡을 준비)

0.5

(겉)

② 박기

(안)

1
접기

1.8 2 접기

① 시접 가장자리를 지그재그 스티치

③ 시접 펼치기

⑥ 1.8 박기

밑단

⑤ 2 접기

④ 1 접기

(안)

6 몸판과 스커트를 연결한다

※ 주름 잡는 방법은 p61 참조

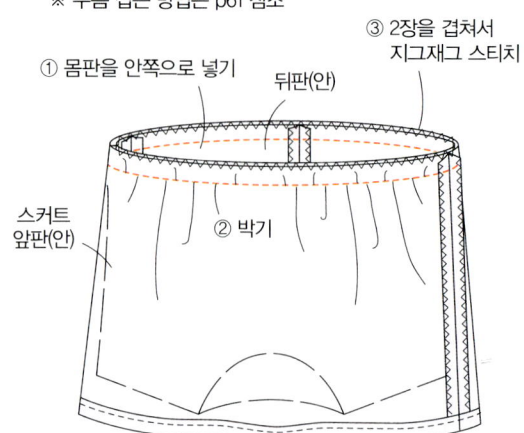

① 몸판을 안쪽으로 넣기

뒤판(안)

③ 2장을 겹쳐서 지그재그 스티치

스커트 앞판(안)

② 박기

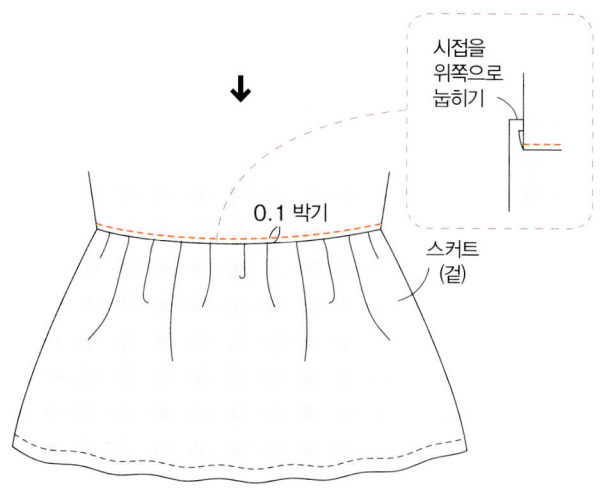

시접을 위쪽으로 눕히기

0.1 박기

스커트 (겉)

7 단추를 단다

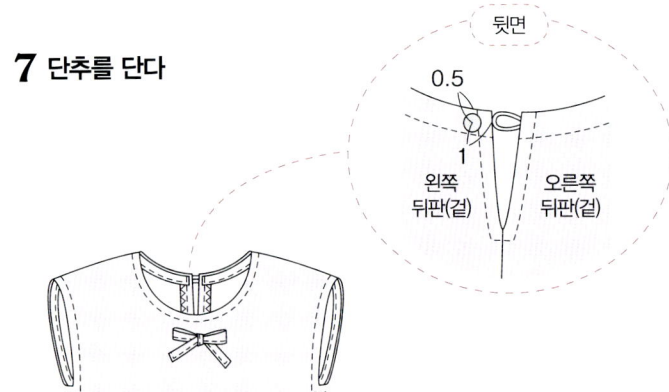

뒷면

0.5

1

왼쪽 뒤판(겉)

오른쪽 뒤판(겉)

8 리본을 만들어 단다

※ 원하는 방식을 선택해서 리본을 달기

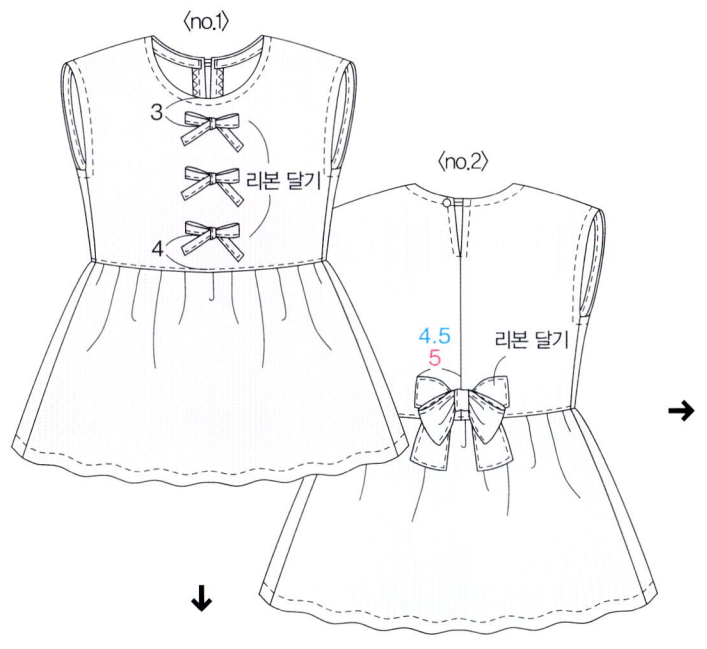

<no.1>

3

리본 달기

4

<no.2>

4.5
5

리본 달기

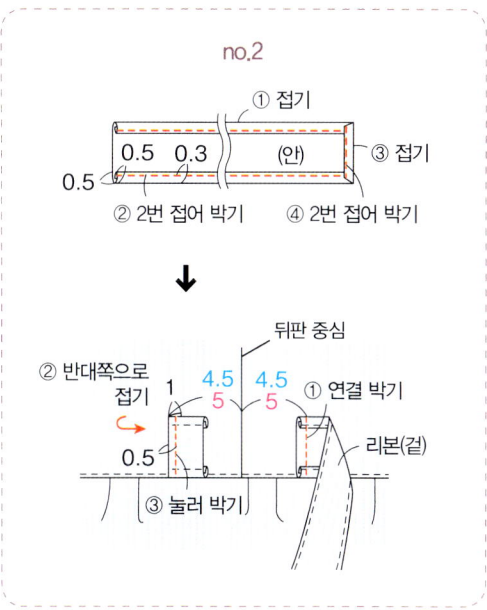

no.2

① 접기

0.5   0.3   (안)

③ 접기

0.5

② 2번 접어 박기   ④ 2번 접어 박기

↓

뒤판 중심

② 반대쪽으로 접기

1   4.5   4.5
   5   5

① 연결 박기

0.5

리본(겉)

③ 눌러 박기

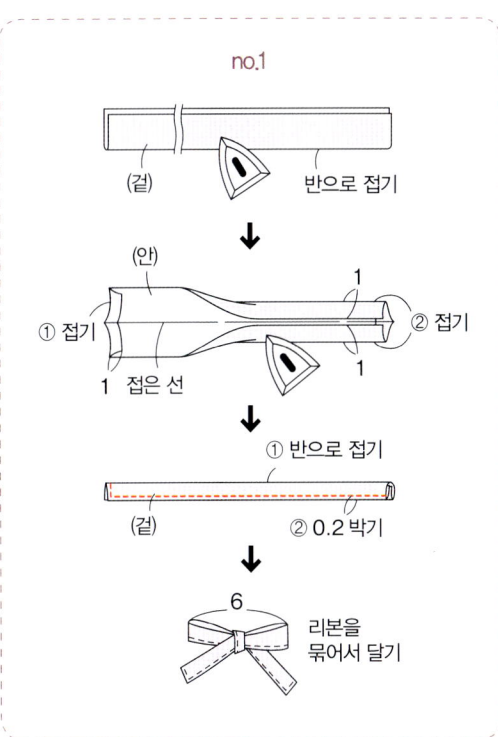

no.1

(겉)

반으로 접기

↓

(안)

① 접기   1   ② 접기

1   접은 선   1

↓

① 반으로 접기

(겉)   ② 0.2 박기

↓

6

리본을 묶어서 달기

🎀 재료

- 원   단 : 〈no.3·4〉 선염 체크(폭 108cm×길이 100cm)
  〈no.5·6〉 60수 리플(폭 110cm×길이 100cm)
- 부자재 : 접착심(폭 112cm×길이 30cm)
  바이어스 테이프(폭 1.27cm×길이 140cm)
  둥근 끈(굵기 0.5cm×길이 220cm) / 단추 1개(지름 1.3cm)
  〈no.3·4〉 토숀레이스(폭 3cm×길이 200cm)

🎀 일러두기

- 이 도안은 110cm 사이즈를 기준으로 작성되었습니다.
- 먼저 재단 도안의 굵은 선을 따라 자른 후, 시접 치수(❶과 같은 원숫자)만큼 들어간 안쪽에서 바느질합니다.
- 겹쳐진 숫자는 100cm / 110cm 사이즈이며, 검은색은 공통 사이즈입니다.

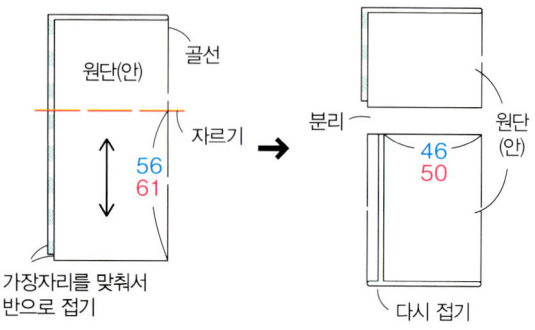

가장자리를 맞춰서
반으로 접기

다시 접기

🎀 바느질 순서 : 어깨리본 튜닉(no.3·5)

1 뒤판 중심선을 박고 트임 만들기
2 옆선 박기
3 어깨선 박기
4 목둘레 처리하기
5 진동둘레 박기
6 밑단 박기
7 리본 만들어 어깨에 묶기
8 단추 달기

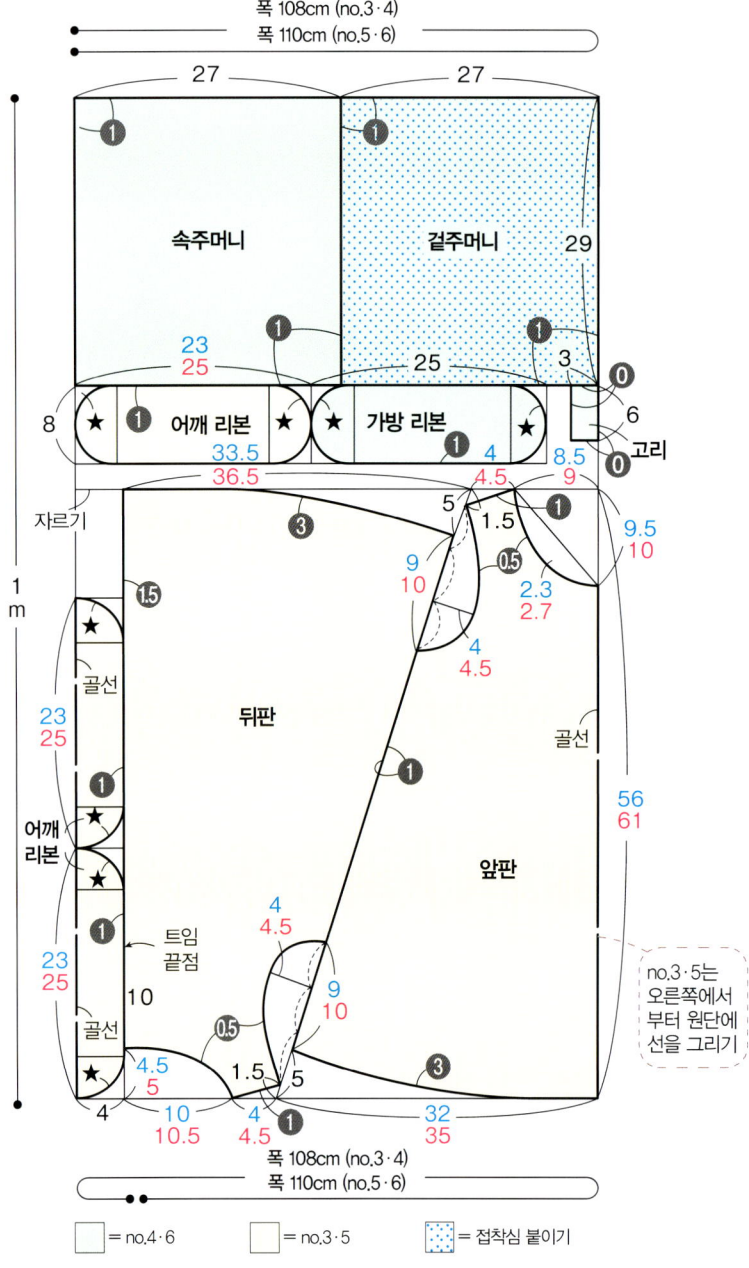

□ = no.4·6   □ = no.3·5   ▨ = 접착심 붙이기

★ = 반지름이 4cm인 원

1 뒤판 중심선을 박고 트임을 만든다

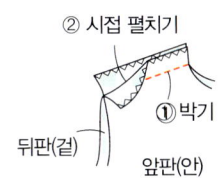

박기
0.5
뒤판
(안)
트임
끝점

트임
끝점
① 박기
뒤판(안)
지그재그
스티치
② 시접
펼치기

2 옆선을 박는다

※ 레이스를 달 경우(no.3)는 오른쪽 옆선을 먼저 박고 레이스를 달기

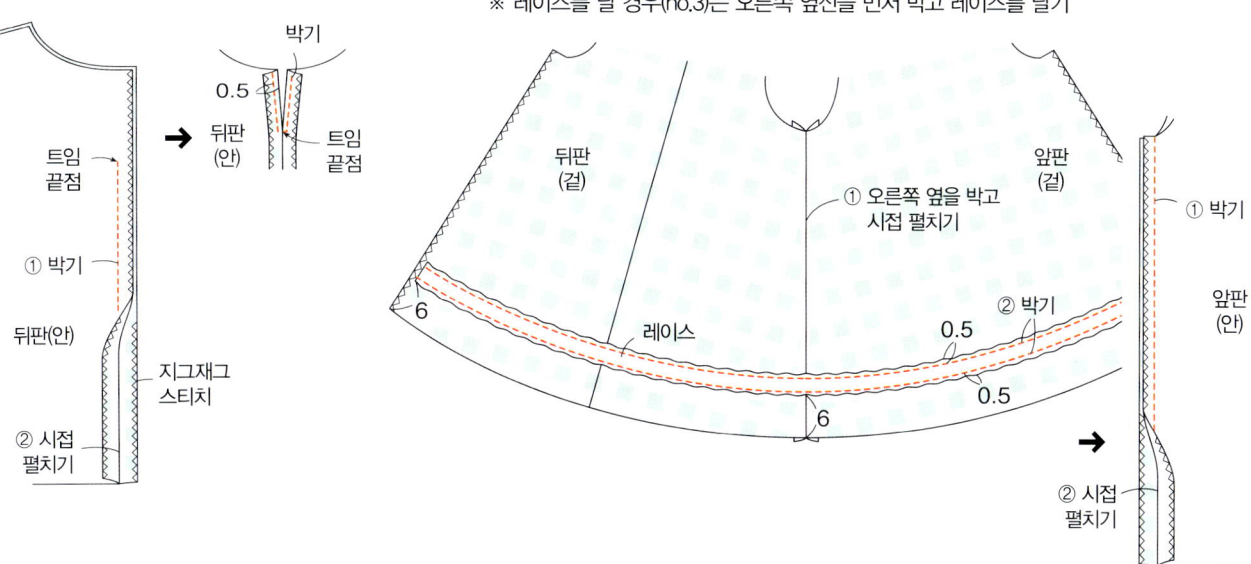

뒤판
(겉)
① 오른쪽 옆을 박고
시접 펼치기
앞판
(겉)
① 박기
6
레이스
② 박기
0.5
0.5
앞판
(안)
6
② 시접
펼치기

3 어깨선을 박는다

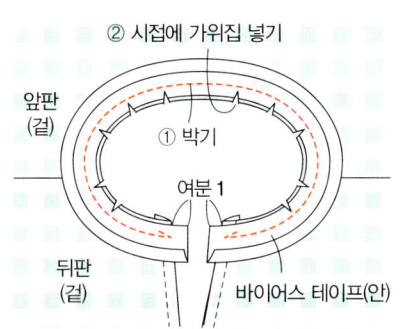

② 시접 펼치기
① 박기
뒤판(겉)
앞판(안)

4 목둘레를 처리한다

② 시접에 가위집 넣기
앞판
(겉)
① 박기
여분 1
뒤판
(겉)
바이어스 테이프(안)

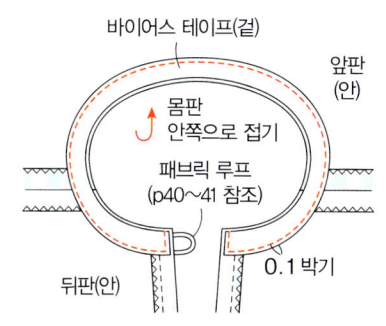

바이어스 테이프(겉)
앞판
(안)
몸판
안쪽으로 접기
패브릭 루프
(p40~41 참조)
뒤판(안)
0.1 박기

5 진동둘레를 박는다

④ 박기
③ 안쪽으로 꺾어 접기
② 시접에 가위집 넣기
바이어스 테이프
(겉)
0.5
① 박기

바이어스 테이프(안)
박기
1 겹치기

6 밑단을 박는다

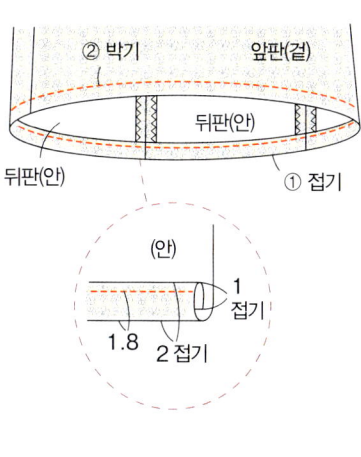

② 박기
앞판(겉)
뒤판(안)
뒤판(안)
① 접기

(안)
1
접기
1.8
2 접기

7 리본을 만들어 어깨에 묶는다

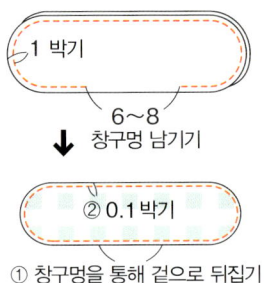

1 박기

6~8
↓ 창구멍 남기기

② 0.1 박기

① 창구멍을 통해 겉으로 뒤집기

8 단추를 단다

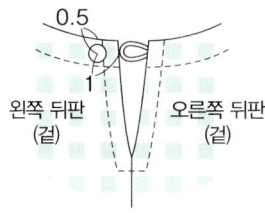

0.5

1

왼쪽 뒤판
(겉)

오른쪽 뒤판
(겉)

🧵 바느질 순서 : 배낭(no.4 · 6)

1 겉주머니에 레이스 달고(no.4 한정) 입구 박기
2 고리 만들기
3 겉주머니, 속주머니 겹쳐서 가장자리 박기
4 모서리 각 잡기
5 겉으로 뒤집어 창구멍 공그르기
6 입구 박고 끈 꿰기

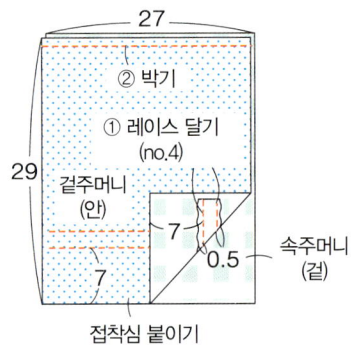

24

19

6

---

1 겉주머니에 레이스를 달고(no.4 한정)
속주머니를 맞대어 입구를 박는다

※ 2세트 제작

27

② 박기

① 레이스 달기
(no.4)

29

겉주머니
(안)

7

0.5

7

속주머니
(겉)

접착심 붙이기

2 가방끈 고리를 만든다

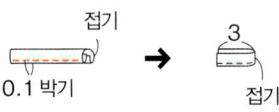

접기

0.1 박기

→

3

접기

3 겉주머니와 속주머니를 겹쳐서
가장자리를 박는다

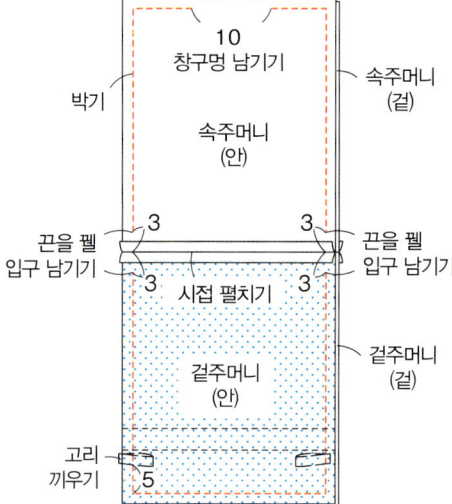

10
창구멍 남기기

박기

속주머니
(겉)

속주머니
(안)

끈을 꿸
입구 남기기

3

3

끈을 꿸
입구 남기기

3

시접 펼치기

3

겉주머니
(안)

겉주머니
(겉)

고리
끼우기

5

4 모서리의 각을 잡는다

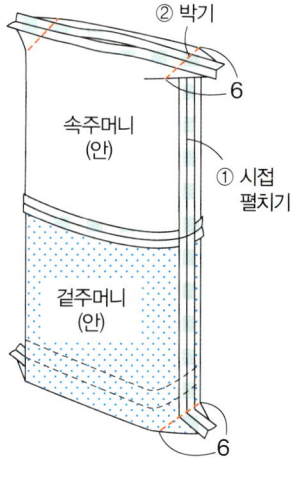

② 박기

6

속주머니
(안)

① 시접
펼치기

겉주머니
(안)

6

5 겉으로 뒤집어 창구멍을 공그른다

※ 공그르기 방법은 p41의 6 참조

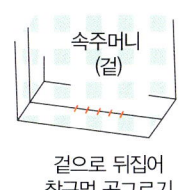

속주머니
(겉)

겉으로 뒤집어
창구멍 공그르기

6 입구를 박고 끈을 꿴다

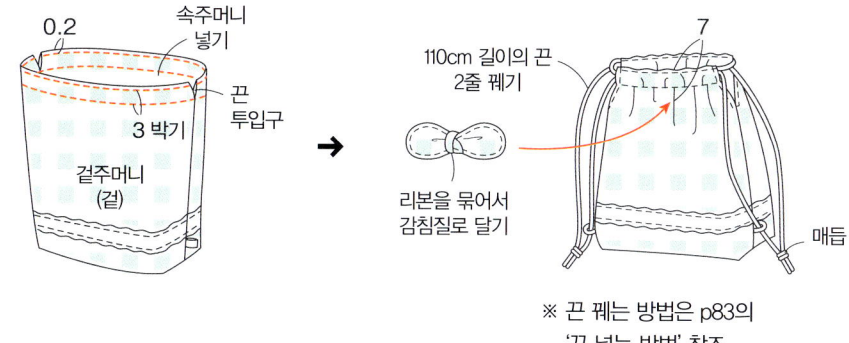

0.2
속주머니
넣기
3 박기
끈
투입구
겉주머니
(겉)

110cm 길이의 끈
2줄 꿰기
7
리본을 묶어서
감침질로 달기
매듭

※ 끈 꿰는 방법은 p83의
'끈 넣는 방법' 참조

원단 고르는 방법

원단은 두께에 따라 10수, 20수, 30수, 40수, 50수, 60수 등으로 나누어집니다. 10수에 가까울수록 두껍고 60수에 가까울수록 얇은 원단입니다. 보통 아이들 의류는 30수, 40수를 주로 사용하며 여름에는 60수의 얇은 원단도 좋습니다.

원단의 종류로는 의류용으로 가장 많이 사용되는 면(코튼), 적당한 두께 감과 구김이 적어 셔츠 등을 만들 때 좋은 옥스퍼드, 얇고 부드러워 여름옷이나 블라우스 등에 좋은 아사가 있습니다.

또한 마(리넨)는 흡수성, 통기성이 좋아 시원한 감촉으로 여름옷에 주로 사용되며 입을수록 자연스러운 느낌을 주는 원단입니다. 단점은 유연성이 없어서 구김이 많이 가는 것으로, 이런 점을 보완하기 위해 마와 면, 레이온 등을 섞어 짠 원단도 다양하게 출시되고 있습니다. 최근 소품과 의류 등에 가장 많이 사용되는 원단이기도 합니다.

나나

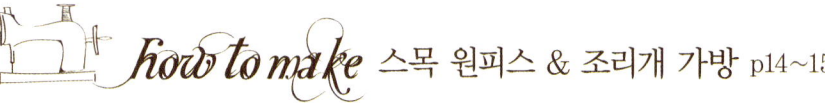

재료

- 원 단 : 면마 혼방(폭 110cm×길이 100cm)
- 부자재 : 접착심(폭 112cm×길이 50cm)
  고무밴드(폭 0.5cm×길이 100cm)
  바이어스 테이프(폭 1.27cm×길이 210cm)
  리넨 테이프(폭 0.7cm×길이 520cm)

일러두기

- 이 도안은 110cm 사이즈를 기준으로 작성되었습니다.
- 먼저 재단 도안의 굵은 선을 따라 자른 후, 시접 치수❶과 같은 원숫자만큼 들어간 안쪽에서 바느질합니다.
- 겹쳐진 숫자는 100cm/110cm 사이즈이며, 검은색은 공통 사이즈입니다.
- 바이어스 테이프, 리넨 테이프, 고무밴드는 넉넉하게 준비합니다.

바느질 순서 : 스목 원피스(no.8·9)

1 뒤판 중심선 박기
2 옆선, 어깨선 박기
3 목둘레 처리하기
4 진동둘레, 목둘레 박기
5 고무밴드 넣기
6 덧천과 밑단 박기
7 밑단에 리넨 테이프 달기
8 허리에 리넨 테이프 넣기

7.5

30

손잡이

15

입구

25

14.5 / 15
13.5 / 14
3
0.5
1.5
1.2

11.5 / 12
21.5 / 22.5
8.5 / 9

23.5 / 24.5

29.5 / 30.5
1

4 / 4.5

덧천을 대는 위치 (안쪽)

뒤판
1.5

앞판

골선

43.5 / 47.5

43.5 / 47.5

덧천을 대는 위치 (안쪽)

4 / 4.5
24.5 / 25.5
1
28.5 / 29.5
3

24.5 / 25.5
3.5

9.5 / 10
1.5
0.5

21.5 / 22.5
1.2

11.5 / 12

15.5 / 16
13.5 / 14
3

가방
22.5

25

1 m

폭 110cm

2 3 1 4
5
6 기장
61 / 66
8
2
7 6

□ = no.8·9   □ = no.7·10   ▨ = 접착심 붙이기

1 뒤판 중심선을 박는다

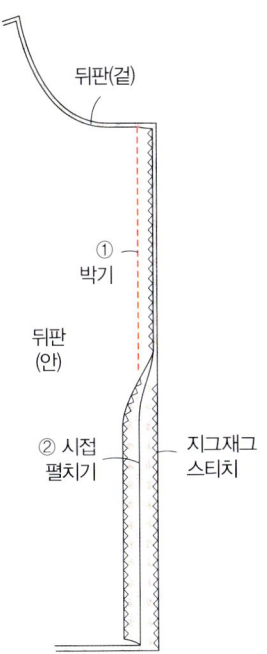

뒤판(겉)

① 박기

뒤판
(안)

② 시접
펼치기

지그재그
스티치

2 옆선, 어깨선을 박는다

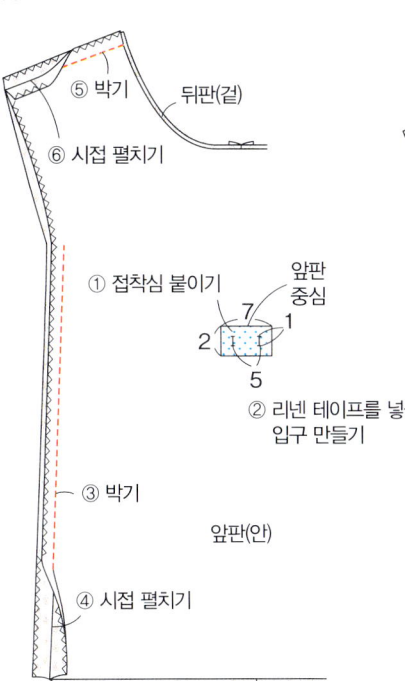

⑤ 박기

뒤판(겉)

⑥ 시접 펼치기

① 접착심 붙이기

앞판
중심

7　　1
2
5

② 리넨 테이프를 넣을
입구 만들기

③ 박기

④ 시접 펼치기

앞판(안)

3 목둘레를 처리한다

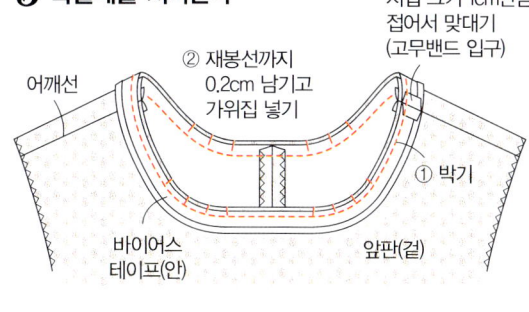

왼쪽 어깨선만
시접 크기 1cm만큼
접어서 맞대기
(고무밴드 입구)

② 재봉선까지
0.2cm 남기고
가위집 넣기

어깨선

① 박기

바이어스
테이프(안)

앞판(겉)

4 진동둘레, 목둘레를 박는다

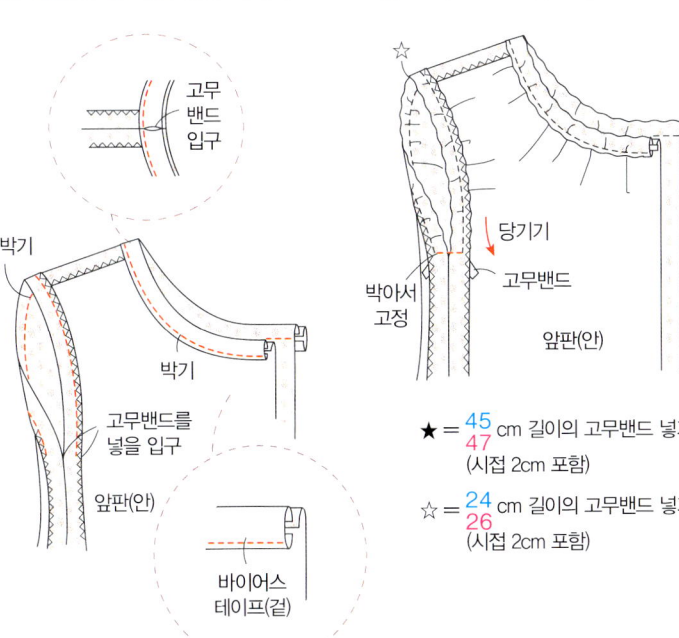

고무
밴드
입구

박기

박기

고무밴드를
넣을 입구

앞판(안)

바이어스
테이프(겉)

5 고무밴드를 넣는다

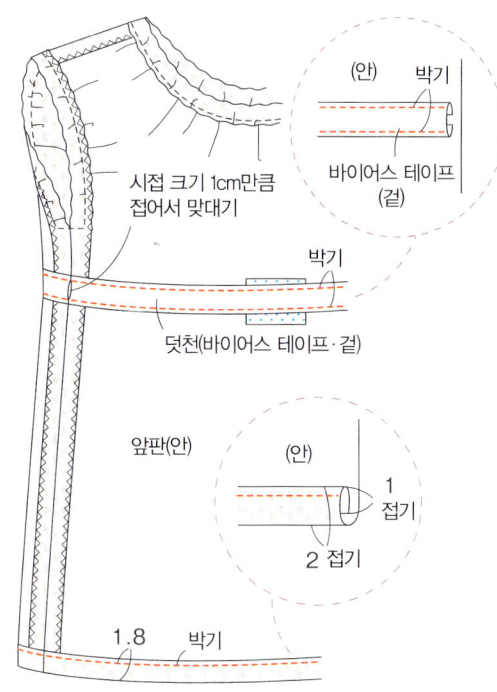

☆

★

당기기

박아서
고정

고무밴드

앞판(안)

★ = 45 cm 길이의 고무밴드 넣기
　　47
（시접 2cm 포함）

☆ = 24 cm 길이의 고무밴드 넣기
　　26
（시접 2cm 포함）

6 덧천과 밑단을 박는다

(안)　박기

바이어스 테이프
(겉)

시접 크기 1cm만큼
접어서 맞대기

박기

덧천(바이어스 테이프·겉)

앞판(안)

(안)

1
접기

2 접기

1.8　박기

7 밑단에 리넨 테이프를 단다

※ 리넨 테이프의 중심을 박기

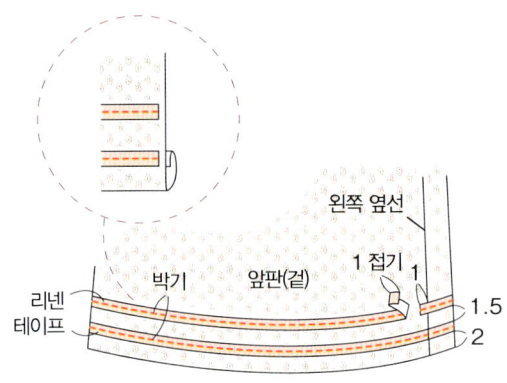

왼쪽 옆선
박기
앞판(겉)
1 접기
1
리넨 테이프
1.5
2

8 허리에 리넨 테이프를 넣는다

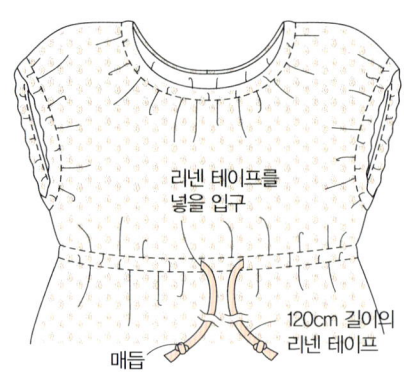

리넨 테이프를 넣을 입구
매듭
120cm 길이의 리넨 테이프

🧵 바느질 순서 : 조리개 가방(no.7·10)

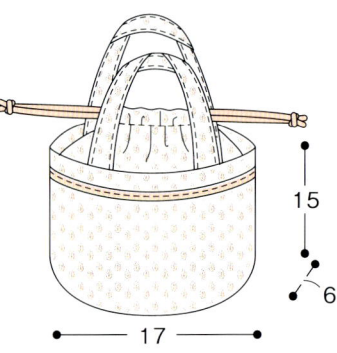

1 손잡이 박기
2 옆선, 밑선을 박고 모서리 각 잡기
3 입구 만들기
4 손잡이를 끼운 채 박기
5 리넨 테이프 달기
6 리넨 테이프 넣기

15
6
17

---

1 손잡이를 박는다

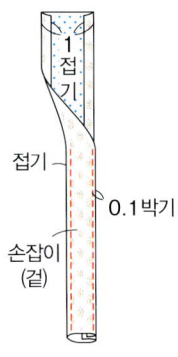

1 접기
접기
0.1박기
손잡이 (겉)

2 옆선, 밑선을 박고 모서리 각을 잡는다

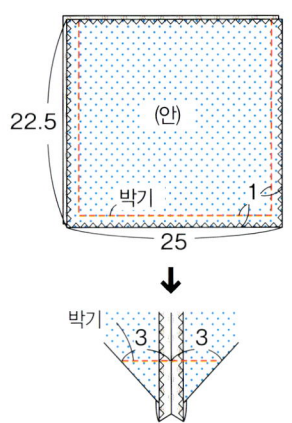

22.5
(안)
박기
1
25
박기
3 3

3 입구 부분을 만든다

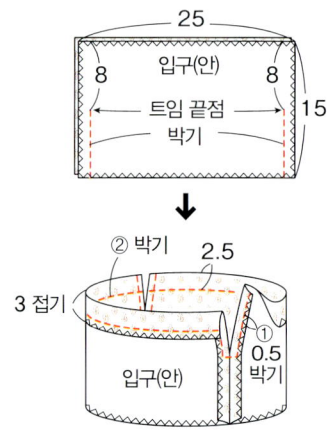

25
8 입구(안) 8
트임 끝점
15
박기

② 박기 2.5
3 접기
①
0.5박기
입구(안)

---

4 손잡이를 끼운 채
   입구와 본체를 박는다

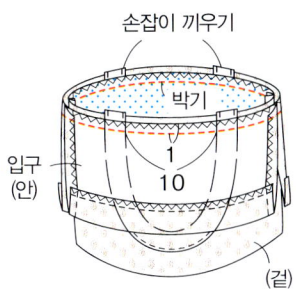

손잡이 끼우기

박기

입구
(안)

1
10

(겉)

5 리넨 테이프를 단다

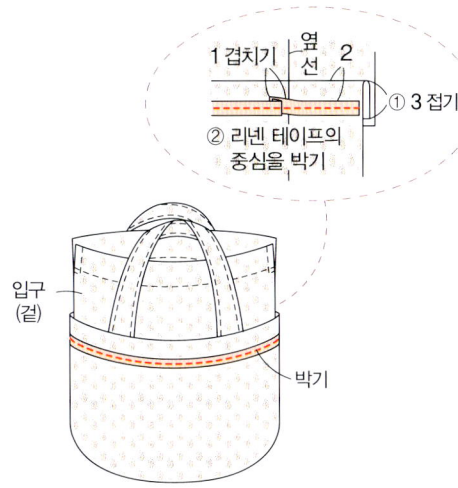

1 겹치기   옆선   2

① 3 접기

② 리넨 테이프의
   중심을 박기

입구
(겉)

박기

6 리넨 테이프를
   가방 입구에 넣는다

55cm 길이의
리넨 테이프를
2줄 넣기

※ 리넨 테이프를 넣는 방법은 p83의
   '끈 넣는 방법' 참조

치수를 변경하는 법

원피스, 스커트, 바지 등은 패턴의 길이를 조절해서 또 다른 느낌의 옷으로 연출할 수 있습니다. 길이를 수정할 때는 밑단선을 늘리거나 줄이고자 하는 치수만큼 조절하고 옆선과 중심선 등은 자연스럽게 연결해 줍니다. 패턴이 앞과 뒤로 따로 있는 경우 동일한 치수만큼 수정해 주세요.

품을 변경할 때는 어깨선의 중심에서 식서 방향으로 수직선을 그리고 그 선을 기준으로 품을 늘리거나 줄여 줍니다. 어깨선의 중심에서 수직선을 앞, 뒤로 각각 그리면 총 4등분이 되므로 전체 변경하고자 하는 치수의 1/4씩 나눠서 조절하면 됩니다.

나나

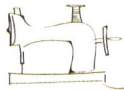

how to make 남자아이 세일러 셔츠 & 바지 p16~17

🎀 재료

- 원　단 : 더블거즈(폭 110cm×길이 100cm)
- 부자재 : 곡선 테이프(폭 1cm×길이 30cm)
　　　　고무밴드(폭 0.6cm×길이 100cm)
　　　　셔츠용 단추 1개(지름 1.3cm)
　　　　바지용 단추 4개(지름 1.5cm)

🎀 일러두기

- 이 도안은 110cm 사이즈를 기준으로 작성되었습니다.
- 먼저 재단 도안의 굵은 선을 따라 자른 후, 시접 치수(❶과 같은 원숫자)만큼 들어간 안쪽에서 바느질합니다.
- 겹쳐진 숫자는 100cm/110cm 사이즈이며, 검은색은 공통 사이즈입니다.
- 목둘레, 진동둘레는 시접 치수 안쪽으로 완성선을 그리고, 연결 치수가 맞는지 확인합니다(아래 그림 참조).

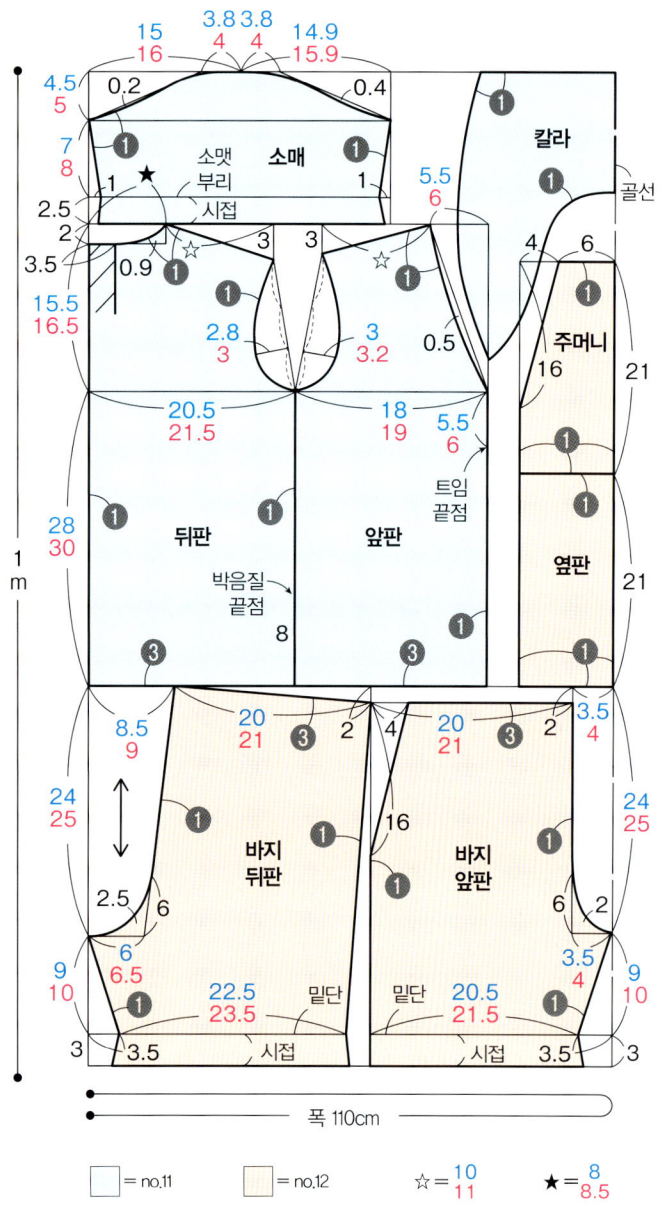

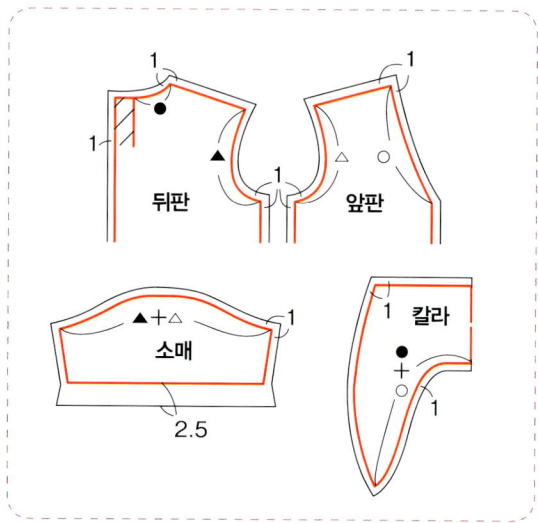

- 칼라 치수는 아래 도안 참조

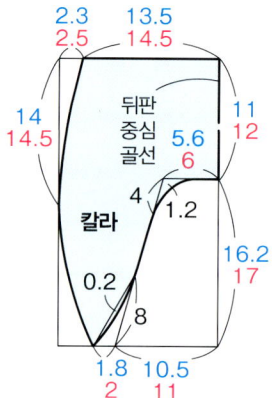

☐ = no.11　　☐ = no.12　　☆ = 10/11　　★ = 8/8.5

바느질 순서 : 남자아이 세일러 셔츠(no.11)

1 뒤판 중심선, 턱 박기
2 앞판 중심선 박기
3 어깨선 박기(p47의 3 참조)
4 칼라 만들기
5 칼라 달기
6 소매 달기
7 옆선, 소매 밑선을 이어서 박기
8 밑단 박기(p47의 6 참조)
9 단추 달기

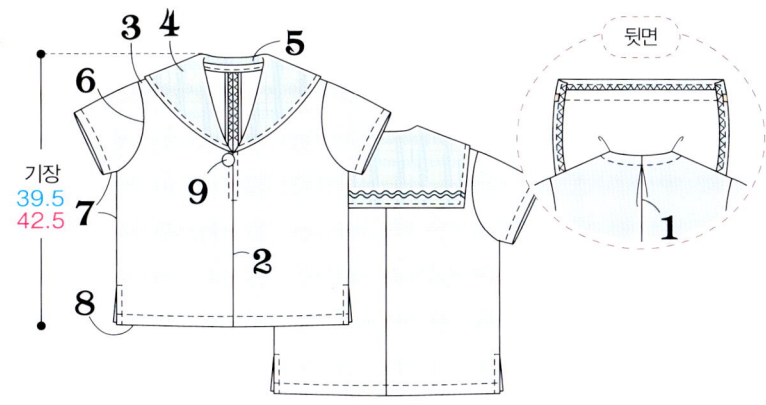

기장
39.5
42.5

---

1 뒤판 중심선과 턱을 박는다

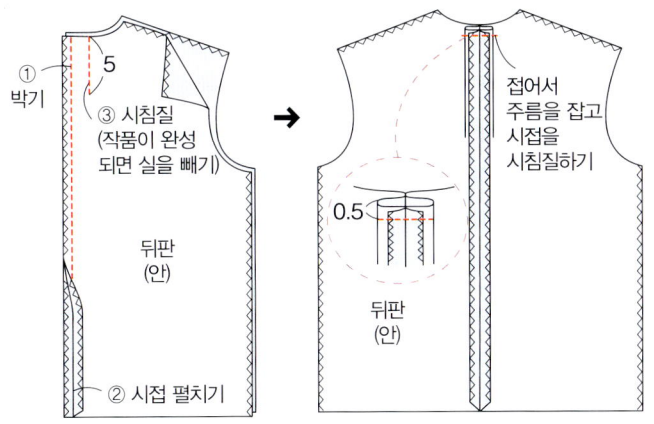

① 박기
③ 시침질
(작품이 완성
되면 실을 빼기)
뒤판
(안)
② 시접 펼치기
0.5
뒤판
(안)
접어서
주름을 잡고
시접을
시침질하기

2 앞판 중심선을 박는다

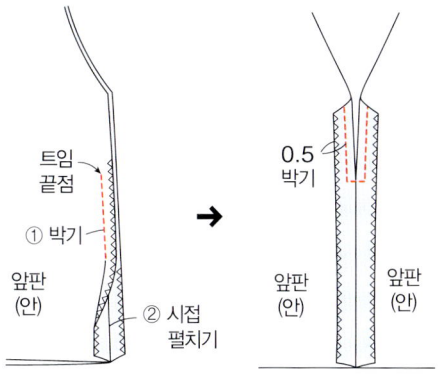

트임
끝점
① 박기
앞판
(안)
② 시접
펼치기
0.5
박기
앞판
(안)
앞판
(안)

---

3 어깨선을 박는다(p47의 3 참조)

4 칼라를 만든다

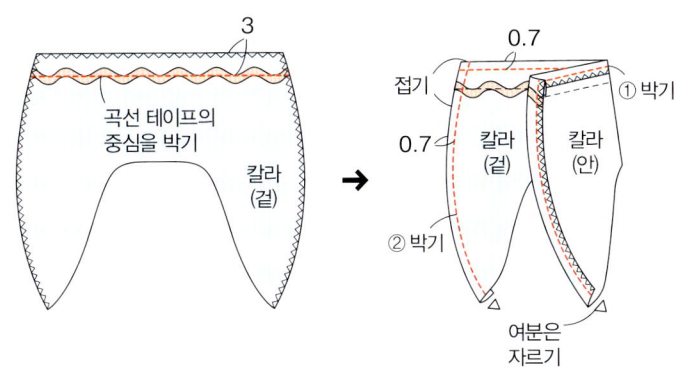

3
곡선 테이프의
중심을 박기
칼라
(겉)
0.7
접기
0.7
칼라
(겉)
칼라
(안)
① 박기
② 박기
여분은
자르기

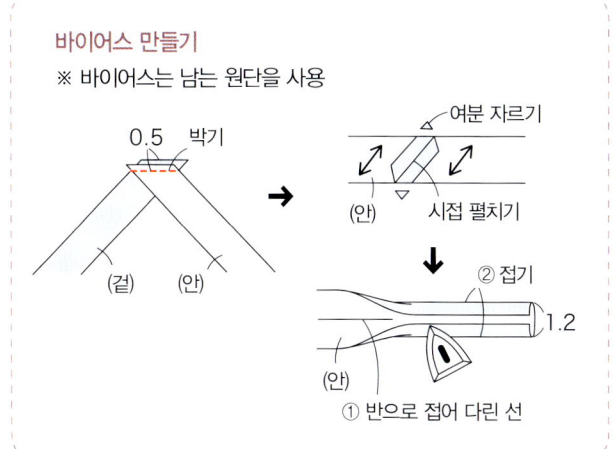

바이어스 만들기
※ 바이어스는 남는 원단을 사용

0.5 박기
(겉) (안)

여분 자르기
(안) 시접 펼치기

② 접기
1.2
(안)
① 반으로 접어 다린 선

5 칼라를 단다

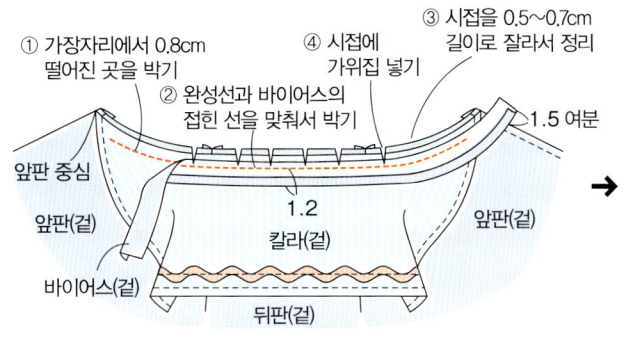

① 가장자리에서 0.8cm 떨어진 곳을 박기
② 완성선과 바이어스의 접힌 선을 맞춰서 박기
③ 시접을 0.5~0.7cm 길이로 잘라서 정리
④ 시접에 가위집 넣기
1.5 여분
앞판 중심
앞판(겉)
바이어스(겉)
칼라(겉)
앞판(겉)
뒤판(겉)
1.2

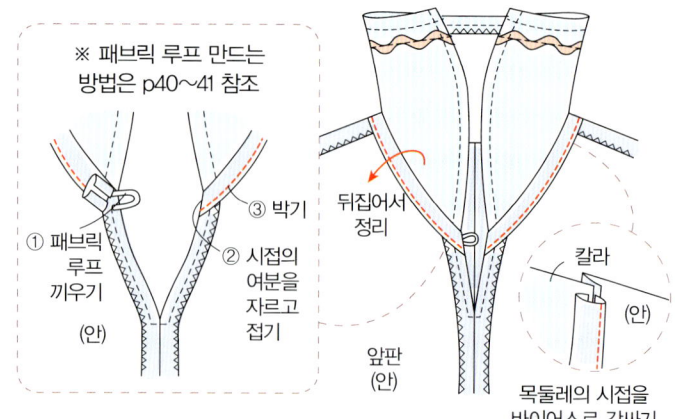

※ 패브릭 루프 만드는 방법은 p40~41 참조
① 패브릭 루프 끼우기 (안)
② 시접의 여분을 자르고 접기
③ 박기
뒤집어서 정리
앞판(안)
칼라 (안)
목둘레의 시접을 바이어스로 감싸기

6 소매를 단다

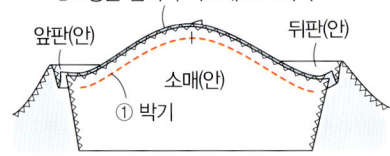

② 2장을 겹쳐서 지그재그 스티치
앞판(안)
뒤판(안)
소매(안)
① 박기

7 옆선, 소매 밑선을 이어서 박는다

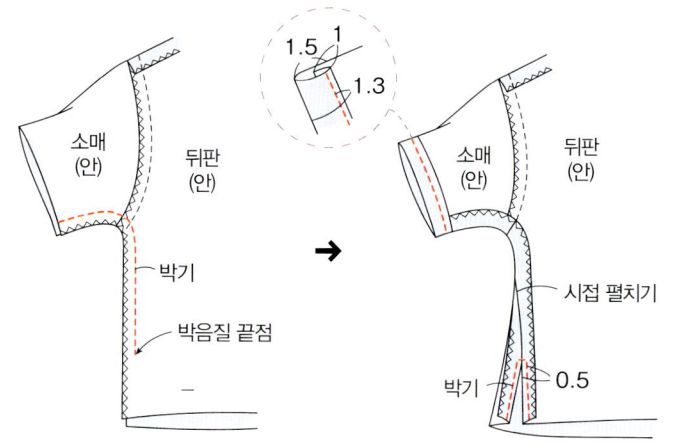

소매 (안)
뒤판 (안)
박기
박음질 끝점
1.5 1
1.3
소매 (안)
뒤판 (안)
시접 펼치기
박기
0.5

8 밑단을 박는다(p47의 6 참조)

9 단추를 단다

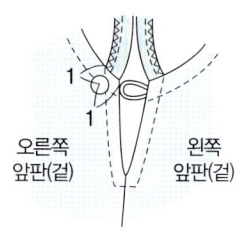

1
1
오른쪽 앞판(겉)
왼쪽 앞판(겉)

🧵 바느질 순서 : 남자아이 바지(no.12)

1 주머니 만들기
2 옆선, 밑아래선, 밑단 박기
3 밑위선 박기
4 허리선을 접어 박은 후 고무밴드 넣고 단추 달기

☆ = $\frac{48}{50}$ cm 길이의 고무밴드 넣기
(시접 2cm 포함, 2줄)

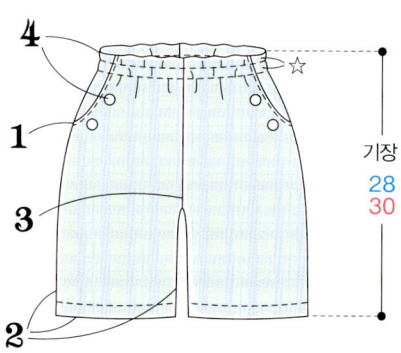

4
1
3
2
☆
기장
28
30

1 주머니를 만든다

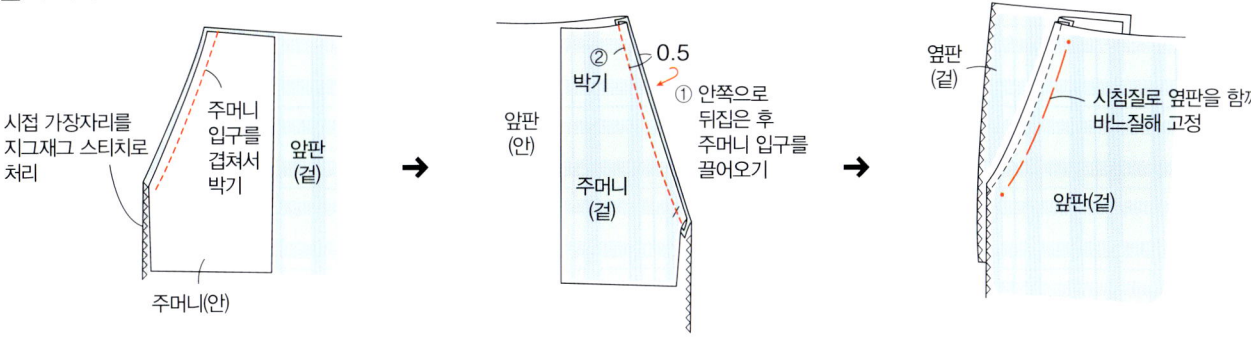

시접 가장자리를 지그재그 스티치로 처리

주머니 입구를 겹쳐서 박기

앞판 (겉)

주머니(안)

② 박기　0.5
① 안쪽으로 뒤집은 후 주머니 입구를 끌어오기

앞판 (안)

주머니 (겉)

옆판 (겉)

시침질로 옆판을 함께 바느질해 고정

앞판(겉)

2 옆선, 밑아래선, 밑단을 박는다

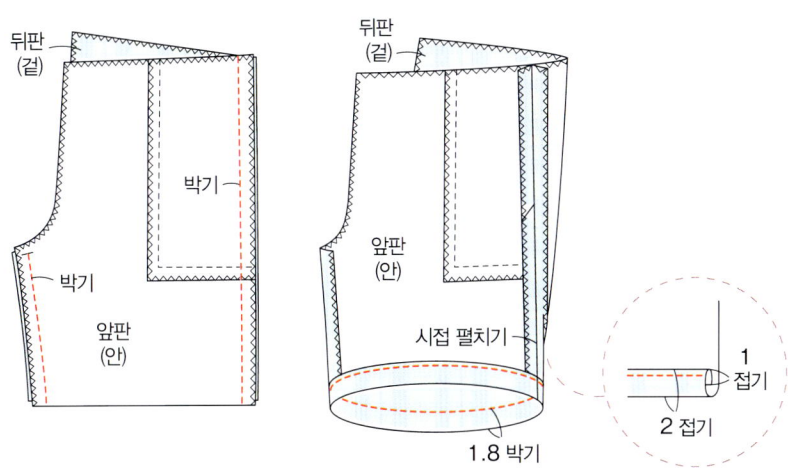

뒤판 (겉)

박기

박기

앞판 (안)

뒤판 (겉)

앞판 (안)

시접 펼치기

1.8 박기

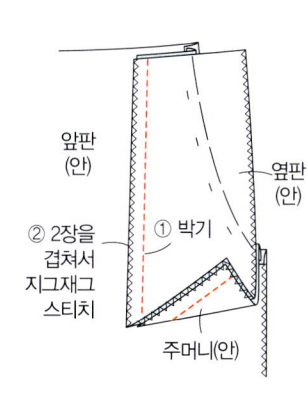

1 접기
2 접기

앞판 (안)

옆판 (안)

② 2장을 겹쳐서 지그재그 스티치

① 박기

주머니(안)

3 밑위선을 박는다

※ 튼튼하게 하기 위해 밑위선 가운데는 2번씩 박기

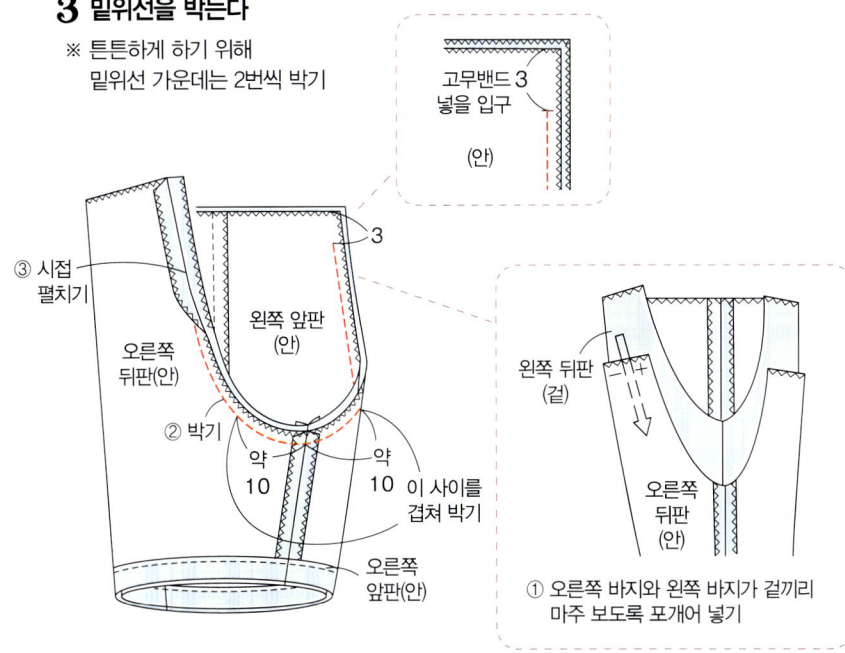

고무밴드 3 넣을 입구
(안)

③ 시접 펼치기

오른쪽 뒤판(안)

왼쪽 앞판 (안)

② 박기
약 10　약 10　이 사이를 겹쳐 박기

오른쪽 앞판(안)

왼쪽 뒤판 (겉)

오른쪽 뒤판 (안)

① 오른쪽 바지와 왼쪽 바지가 겉끼리 마주 보도록 포개어 넣기

4 허리선을 접어 박은 후 고무밴드를 넣고 단추를 단다

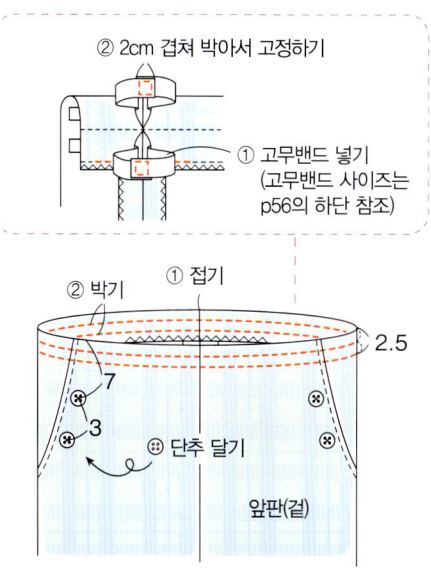

② 2cm 겹쳐 박아서 고정하기

① 고무밴드 넣기 (고무밴드 사이즈는 p56의 하단 참조)

② 박기　① 접기

2.5

7

3

단추 달기

앞판(겉)

🧵 재료

- 원 단 : 더블거즈(폭 110cm×길이 100cm)
- 부자재 : 곡선 테이프(폭 1cm×길이 30cm)
  고무밴드(폭 0.6cm×길이 100cm)
  단추 1개(지름 1.3cm)

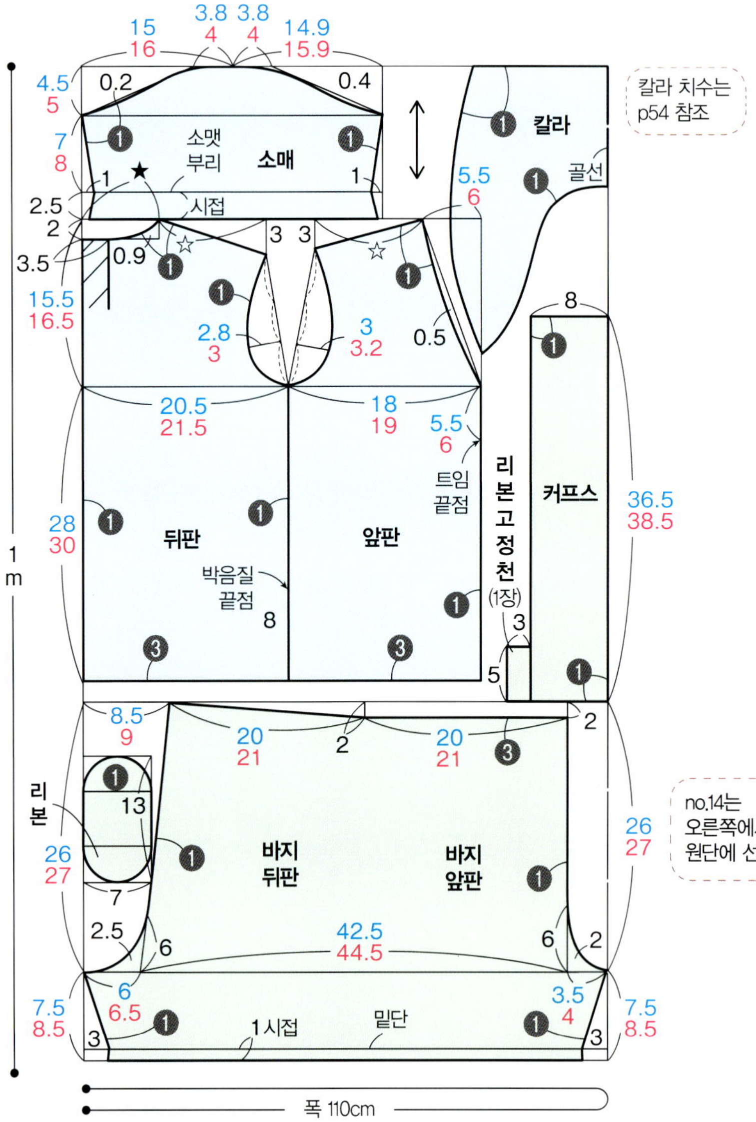

🧵 일러두기

- 이 도안은 110cm 사이즈를 기준으로 작성되었습니다.
- 먼저 재단 도안의 굵은 선을 따라 자른 후, 시접 치수(❶)과 같은 원숫자)만큼 들어간 안쪽에서 바느질합니다.
- 겹쳐진 숫자는 100cm/110cm 사이즈이며, 검은색은 공통 사이즈입니다.

※ 여자아이 세일러 셔츠(no.13) 만들기는 no.11 만들기 (p54)를 참조해 주세요.

🧵 바느질 순서 : 여자아이 바지(no.14)

1 밑아래선 박기
2 밑단 주름 잡고 커프스 달기
3 밑위선 박기
4 허리선을 접어 박기
5 고무밴드 넣기
6 리본 만들어 달기

★ = 길이가 48/50 cm인 고무밴드 넣기
(시접 2cm 포함, 2줄)

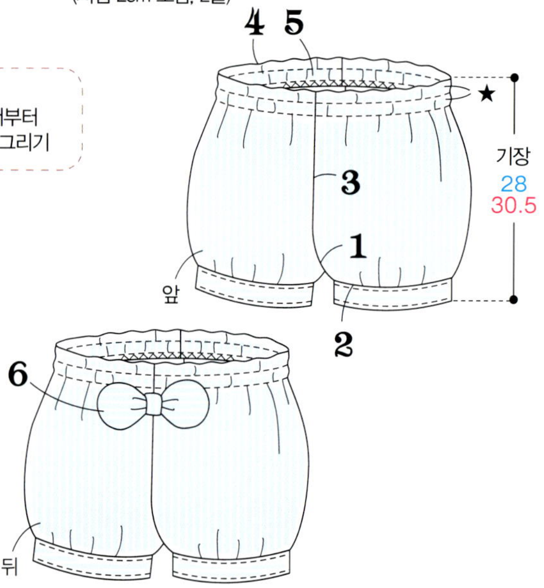

재단 도안 치수

칼라 치수는 p54 참조

칼라 / 골선

15 / 16   3.8 3.8 / 4 4   14.9 / 15.9

4.5 / 5   0.2   0.4

7 / 8   소맷부리   소매   1

2.5 / 2   시접   5.5 / 6

3.5   0.9   3 3

15.5 / 16.5   2.8 / 3   3 / 3.2   0.5

20.5 / 21.5   18 / 19   5.5 / 6

28 / 30   뒤판   앞판   리본고정천 (1장)   커프스   36.5 / 38.5

박음질 끝점   트임 끝점   8

1 m

8   3   5

8.5 / 9   20 / 21   2   20 / 21   2

리본   13   7   바지 뒤판   바지 앞판   26 / 27

26 / 27   2.5   6   42.5 / 44.5   6   2   3.5 / 4

7.5 / 8.5   6 / 6.5   3   1 시접   밑단   3   7.5 / 8.5

no.14는 오른쪽에서부터 원단에 선 그리기

폭 110cm

☐ = no.13   ☐ = no.14   ☆ = 10/11   ★ = 8/8.5

4 5   ★   기장 28 / 30.5

3   1   2

앞   6   뒤

1 밑아래선을 박는다

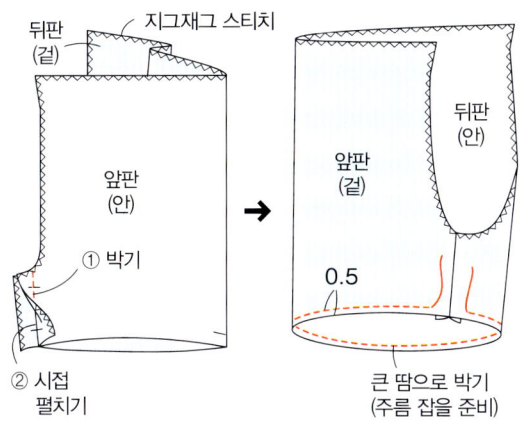

뒤판(겉)　지그재그 스티치

앞판(안)

① 박기

② 시접 펼치기

앞판(겉)　뒤판(안)

0.5

큰 땀으로 박기
(주름 잡을 준비)

2 밑단 주름을 잡고 커프스를 단다

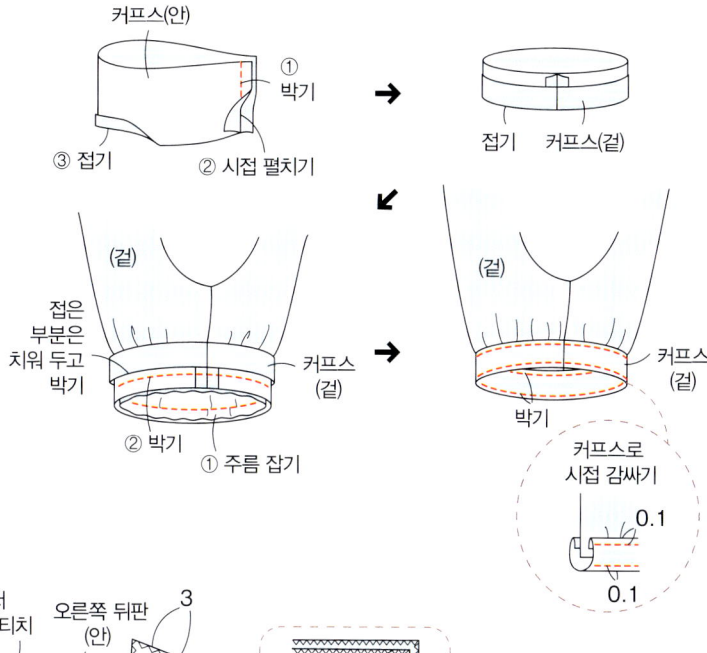

커프스(안)

① 박기

③ 접기　② 시접 펼치기

접기　커프스(겉)

접은 부분은 치워 두고 박기

(겉)

② 박기　① 주름 잡기

커프스(겉)

(겉)

박기　커프스(겉)

커프스로 시접 감싸기

0.1

0.1

3 밑위선을 박는다

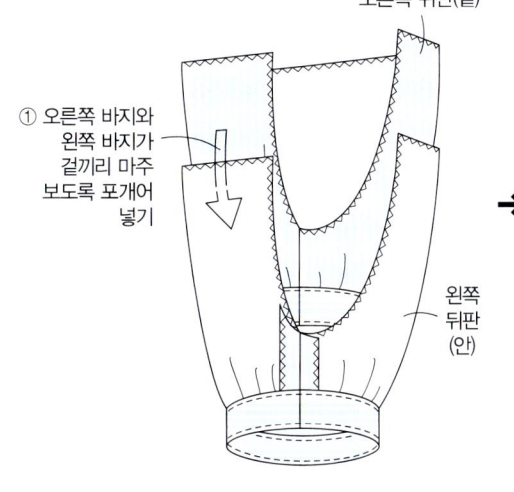

오른쪽 뒤판(겉)

① 오른쪽 바지와 왼쪽 바지가 겉끼리 마주 보도록 포개어 넣기

왼쪽 뒤판(안)

② 2장을 겹쳐서 지그재그 스티치

오른쪽 뒤판(안)　3

① 2번 박기

왼쪽 뒤판(안)

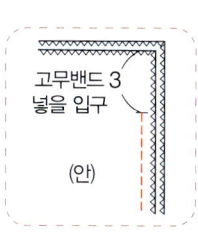

고무밴드 3 넣을 입구

(안)

※ 튼튼하게 하기 위해 밑위선 가운데는 2번씩 박기

4 허리선을 접어 박는다

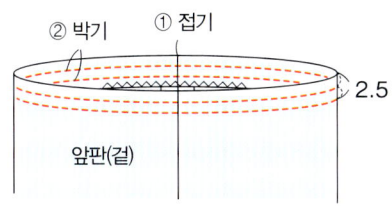

② 박기　① 접기

2.5

앞판(겉)

5 고무밴드를 넣는다

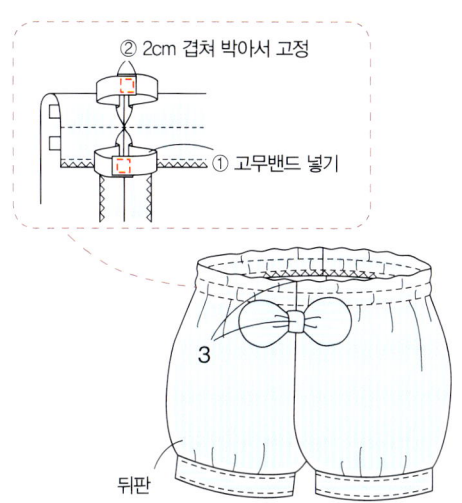

② 2cm 겹쳐 박아서 고정

① 고무밴드 넣기

3

뒤판

6 리본을 만들어 단다

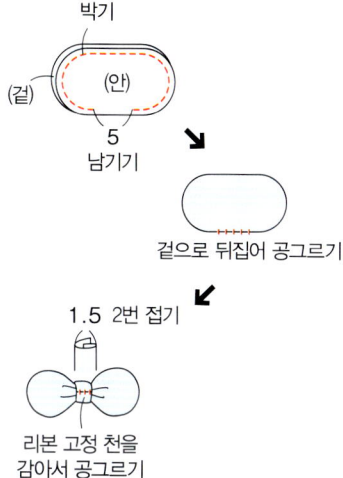

박기

(겉)　(안)

5 남기기

겉으로 뒤집어 공그르기

1.5　2번 접기

리본 고정 천을 감아서 공그르기

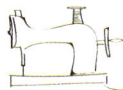

🧵 재료

- 원   단 : 면마 스트라이프(폭 108cm×길이 100cm)
- 부자재 : 고무밴드(폭 0.5cm×길이 200cm)
         와이어(길이 70cm)

🧵 일러두기

- 이 도안은 110cm 사이즈를 기준으로 작성되었습니다.
- 먼저 재단 도안의 굵은 선을 따라 자른 후, 시접 치수(❶과 같은 원숫자)만큼 들어간 안쪽에서 바느질합니다.
- 겹쳐진 숫자는 100cm/110cm 사이즈이며, 검은색은 공통 사이즈입니다.
- 어깨끈은 아이의 몸에 맞춰 길이를 조절해서 달아 주세요.

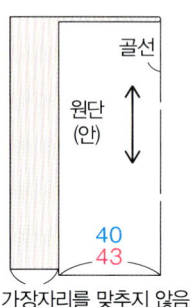

골선
원단
(안)
40
43
가장자리를 맞추지 않음

🧵 바느질 순서 : 캐미솔 원피스(no.15)

1 옆선 박기
2 프릴 만들기
3 8등분 위치 표시하기
4 프릴과 몸판 연결하기
5 프릴과 몸판 박기
6 위쪽 박기
7 고무밴드 넣기
8 어깨끈 만들기
9 어깨끈 달기

재단 도안:

11
10 / 11
10 / 11
❶ ❶ ❶
❷ (밑단 쪽) ❷ (밑단 쪽)
30 / 32 ❺
머리띠 (1장)
프릴 (1장) 프릴 앞판
40 / 56
골선 43 / 47.5
❶ ❶
❶ ❺
70
1 m
5 5
어깨끈 어깨끈
30 / 32
뒤판 골선 43 / 47.5
❶ ❶
폭 108cm

□ = no.15   □ = no.16

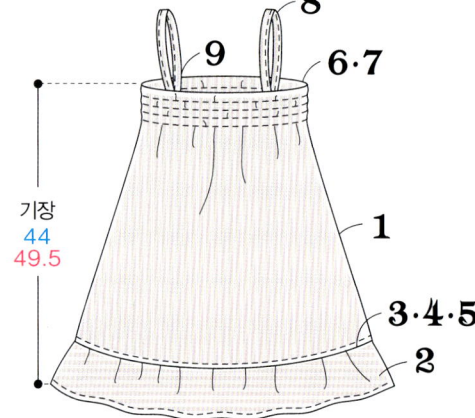

8
9 6·7
기장
44
49.5
1
3·4·5
2

1 옆선을 박는다

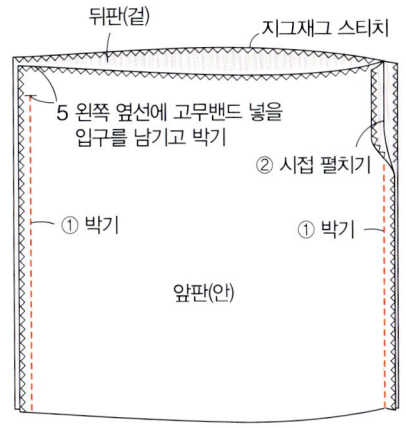

뒤판(겉)　　지그재그 스티치

5 왼쪽 옆선에 고무밴드 넣을
　　입구를 남기고 박기

② 시접 펼치기

① 박기　　　　① 박기

앞판(안)

2 프릴을 만든다

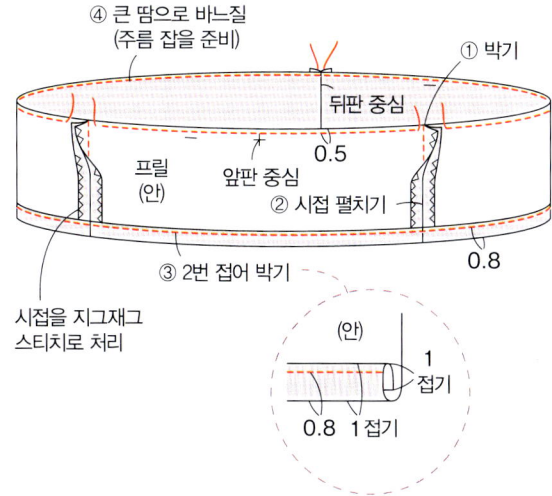

④ 큰 땀으로 바느질
　(주름 잡을 준비)

① 박기

뒤판 중심

0.5

프릴
(안)

앞판 중심

② 시접 펼치기

0.8

③ 2번 접어 박기

시접을 지그재그
스티치로 처리

(안)

1
접기

0.8　1 접기

3 8등분 위치를 표시한다

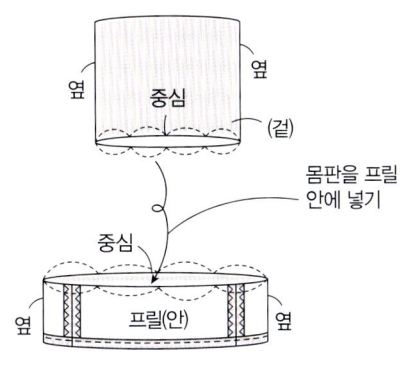

옆　　　　　옆

중심

(겉)

몸판을 프릴
안에 넣기

중심

옆　　프릴(안)　　옆

※ 주름을 고르게 잡기 위한 준비
　작업이므로 수성펜 등을
　이용해서 표시하기

4 프릴과 몸판을 연결한다

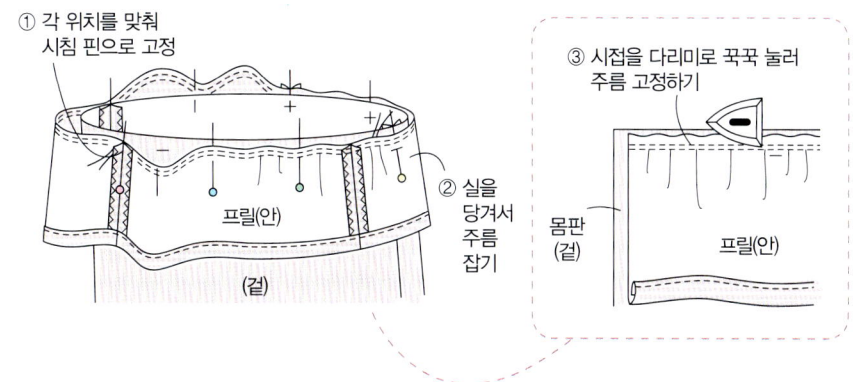

① 각 위치를 맞춰
　시침 핀으로 고정

③ 시접을 다리미로 꾹꾹 눌러
　주름 고정하기

프릴(안)

② 실을
　당겨서
　주름
　잡기

(겉)

몸판
(겉)

프릴(안)

5 프릴과 몸판을 박는다

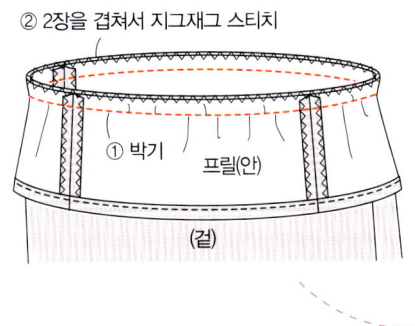

② 2장을 겹쳐서 지그재그 스티치

① 박기　프릴(안)

(겉)

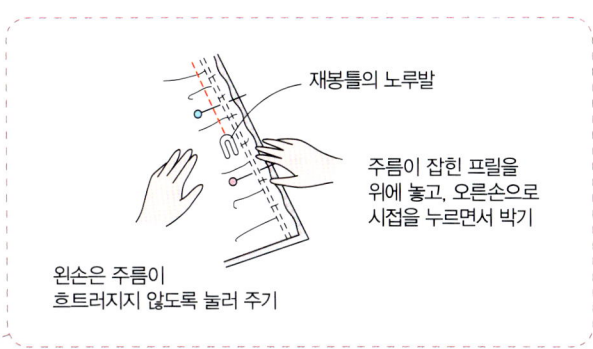

재봉틀의 노루발

주름이 잡힌 프릴을
위에 놓고, 오른손으로
시접을 누르면서 박기

왼손은 주름이
흐트러지지 않도록 눌러 주기

6 위쪽을 박는다

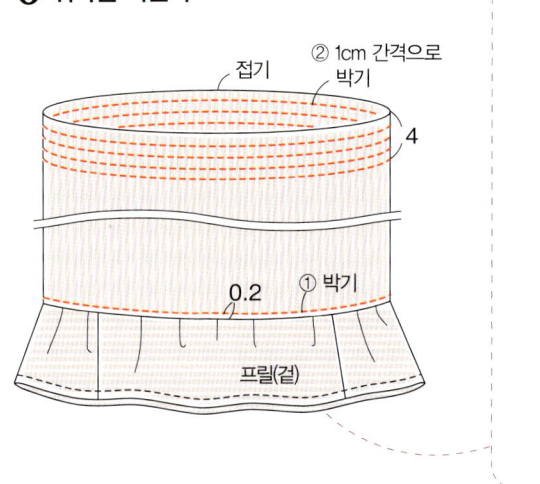

접기
② 1cm 간격으로 박기
4
0.2　　① 박기
프릴(겉)

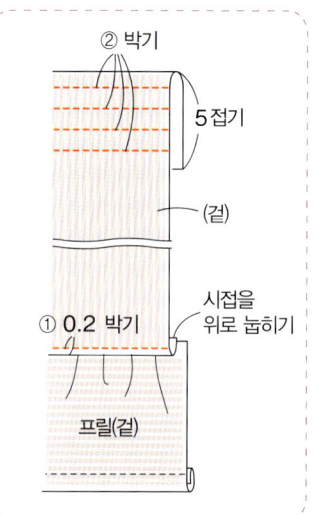

② 박기
5 접기
(겉)
① 0.2 박기
시접을 위로 눕히기
프릴(겉)

7 고무밴드를 넣는다

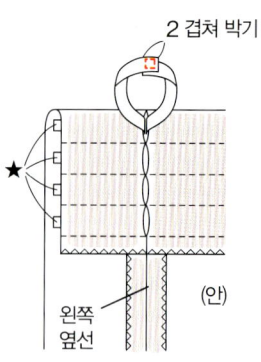

2 겹쳐 박기
★
왼쪽 옆선
(안)

★ = $\frac{48}{50}$ cm 길이의 고무밴드 넣기
(시접 2cm 포함, 4줄)

8 어깨끈을 만든다

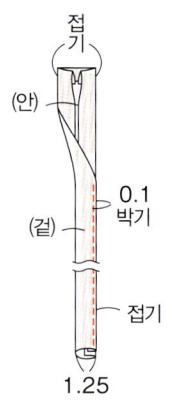

접기
(안)
(겉)
0.1 박기
접기
1.25

9 어깨끈을 단다

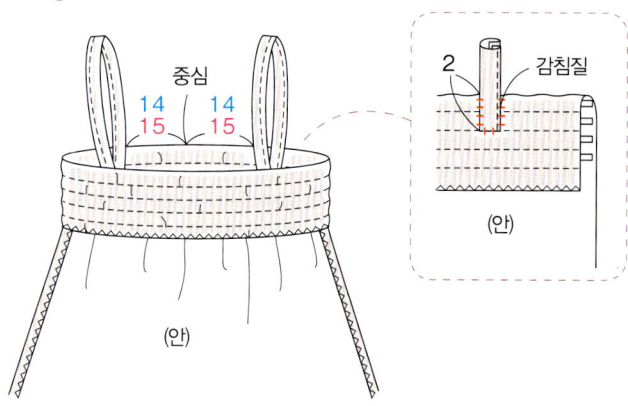

중심
14　14
15　15
(안)

2
감침질
(안)

🧵 바느질 순서 : 토끼 머리띠(no.16)

1 창구멍만 남기고 테두리 박기
2 와이어 넣고 창구멍 막기

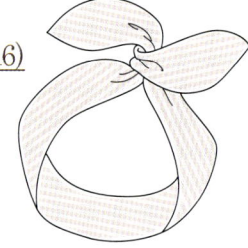

※ 머리 크기에 맞게 꼬아서 고정

1 천을 접은 후, 창구멍만 남기고 테두리를 박는다

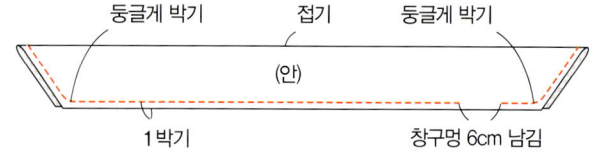

둥글게 박기　접기　둥글게 박기
(안)
1 박기　창구멍 6cm 남김

2 끝을 둥글게 처리한 와이어를 안에 넣고 창구멍을 막는다

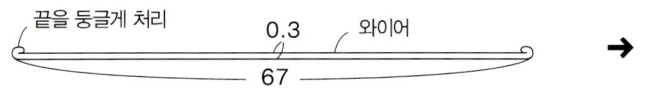

끝을 둥글게 처리　0.3　와이어
67

→

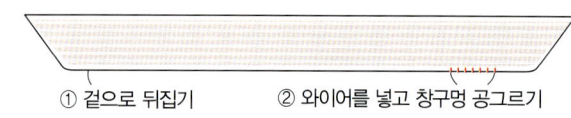

① 겉으로 뒤집기　② 와이어를 넣고 창구멍 공그르기

how to make 캐미솔 & 호박바지 & 꽃 머리끈 p19

🧷 재료

- 원 단 : 더블거즈(폭 108cm×길이 100cm)
- 부자재 : 고무밴드(폭 0.5cm×길이 420cm)
  레이스(폭 2.5cm×길이 240cm)
  꽃 모양 단추 1개(지름 1.5cm)
  두꺼운 종이
  링 고무밴드 3개
  패브릭 본드

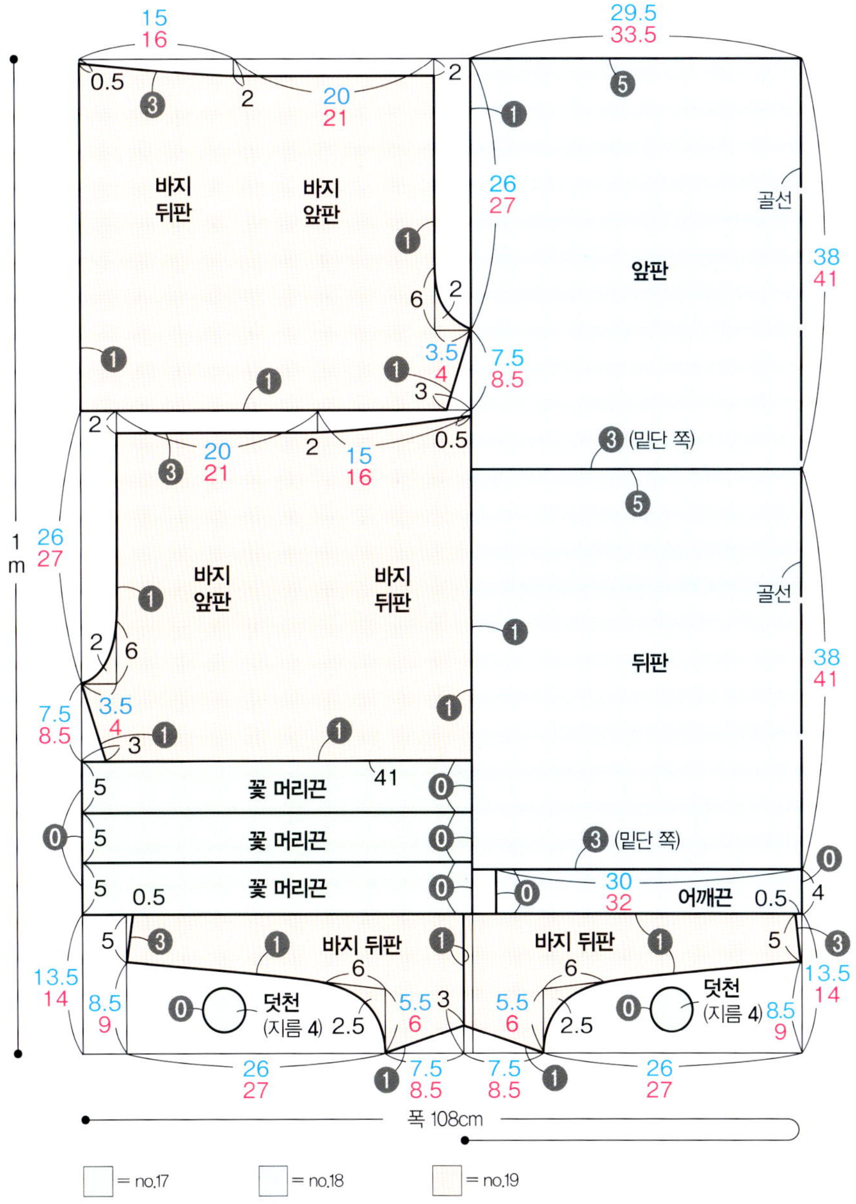

🧷 일러두기

- 이 도안은 110cm 사이즈를 기준으로 작성되었습니다.
- 먼저 재단 도안의 굵은 선을 따라 자른 후, 시접 치수(❶과 같은 원숫자)만큼 들어간 안쪽에서 바느질합니다.
- 겹쳐진 숫자는 100cm / 110cm 사이즈이며, 검은색은 공통 사이즈입니다.
- 어깨끈은 아이의 몸에 맞춰 길이를 조절해서 달아 주세요.

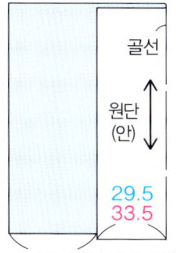

골선
원단
(안)
29.5
33.5
가장자리를 맞추지 않음

🧷 바느질 순서 : 캐미솔(no.18)

1 옆선 박기
2 위쪽 박기
3 밑단에 레이스 달기
4 고무밴드 넣기(p62의 7 참조)
5 어깨끈 만들기(p62의 8 참조)
6 어깨끈 달기(p62의 9 참조)

[재단 도안]

15 / 16   0.5 ❸ 2   2   20 / 21   2
바지 뒤판   바지 앞판
❶   ❶   2   6   2   ❶   ❶   3.5 / 4   3
2   20 / 21   2   15 / 16   0.5
❸
26 / 27 · 1m
바지 앞판   바지 뒤판
2   6   7.5 / 8.5   3.5 / 4   3   ❸   ❶   ❶   ❶
5   꽃 머리끈   41   0
0   5   꽃 머리끈   0
5   0.5   꽃 머리끈   0
5   ❸   ❶ 바지 뒤판 ❶   바지 뒤판 ❶   5   ❸
13.5 / 14   8.5 / 9   0 덧천(지름 4)   2.5   5.5 / 6   3   5.5 / 6   2.5   0 덧천(지름 4)   8.5 / 9   13.5 / 14
26 / 27   7.5 / 8.5   7.5 / 8.5   26 / 27

29.5 / 33.5
❺   ❶   앞판   38 / 41   골선
26 / 27
❻   2   6   2   7.5 / 8.5   3.5 / 4   3
❸ (밑단 쪽)
❺   뒤판   38 / 41   골선
❶
❸ (밑단 쪽)   0   30 / 32   어깨끈   0.5   4   0
0

폭 108cm

□ = no.17   □ = no.18   □ = no.19

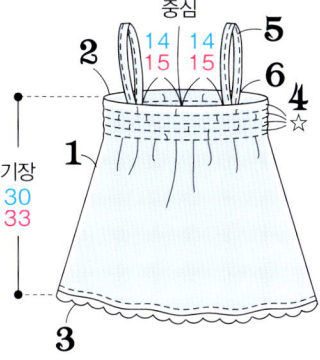

중심
2   14 14 / 15 15   5
6
1   ☆   4
기장 30 / 33
3

☆ = 48 / 50 cm 길이의 고무밴드 넣기
(시접 2cm 포함, 4줄)

1 옆선을 박는다

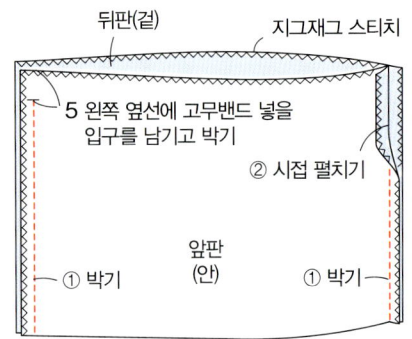

뒤판(겉)　　지그재그 스티치

5 왼쪽 옆선에 고무밴드 넣을
　입구를 남기고 박기

② 시접 펼치기

앞판
(안)

① 박기　　　　　① 박기

2 위쪽을 박는다

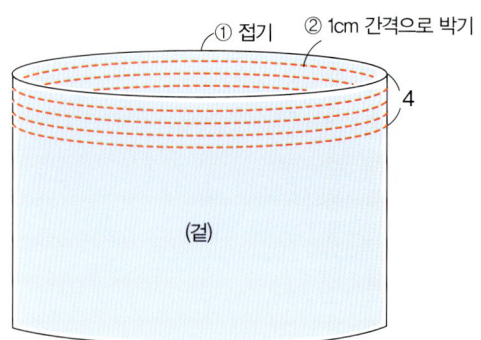

① 접기　② 1cm 간격으로 박기

4

(겉)

3 밑단에 레이스를 단다

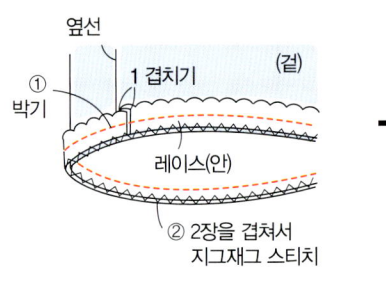

옆선

(겉)

① 박기

1 겹치기

레이스(안)

② 2장을 겹쳐서
　지그재그 스티치

(겉)　0.2

시접을 위로
눕혀서 박기

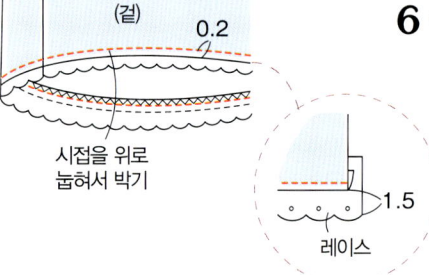

1.5

레이스

4 고무밴드를 넣는다

5 어깨끈을 만든다

6 어깨끈을 단다

p62의 7~9 참조

🧵 **바느질 순서 : 꽃 머리끈(no.17)**

1 천에 가위집 넣기
2 돌돌 말기
3 바닥에 덧천 대기
4 머리끈 붙이기

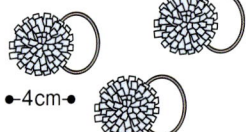

●─4cm─●

1 천에 가위집을 넣는다

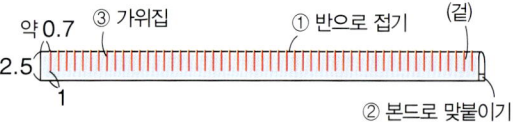

약 0.7　③ 가위집　　① 반으로 접기　(겉)

2.5

1　　　　　　　　　② 본드로 맞붙이기

2 돌돌 만다

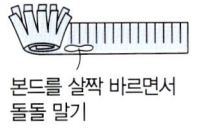

본드를 살짝 바르면서
돌돌 말기

2

3 바닥에 덧천을 댄다

① 안에 두꺼운 종이를
　넣고 오므리기

② 오므린 후
　두꺼운 종이
　제거(지름 2cm)

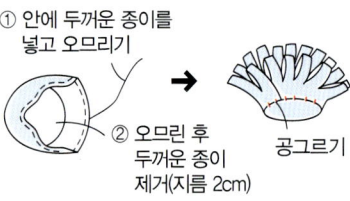

공그르기

4 머리끈을 붙인다

감침질

머리끈

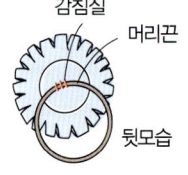

뒷모습

🧵 바느질 순서 : 호박바지(no.19)

1 절개선을 박고 밑단에 레이스와 고무밴드 달기
2 밑아래선 박기
3 밑위선 박기
4 허리선을 접어 박고 고무밴드 넣은 후 단추 달기

★ = $\frac{29}{30}$ cm 길이의 고무밴드 넣기
(시접 2cm 포함, 4줄)

★ = $\frac{48}{50}$ cm 길이의 고무밴드 넣기
(시접 2cm 포함, 2줄)

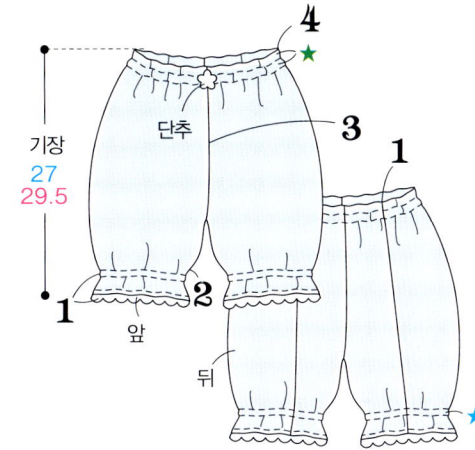

기장 27 29.5

4
★
단추
3
1
앞
2
1
뒤
★

1 바지 뒤판의 절개선을 박고 밑단에 레이스와 고무밴드를 단다

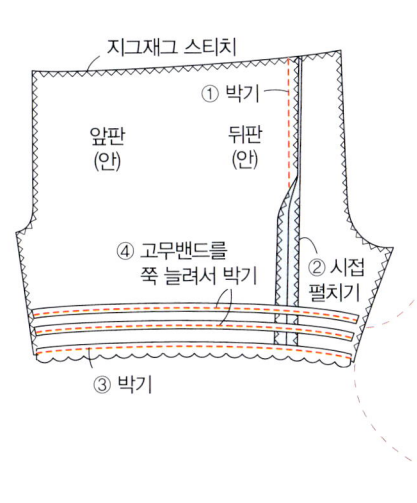

지그재그 스티치
① 박기
앞판 (안)
뒤판 (안)
④ 고무밴드를 쭉 늘려서 박기
② 시접 펼치기
③ 박기

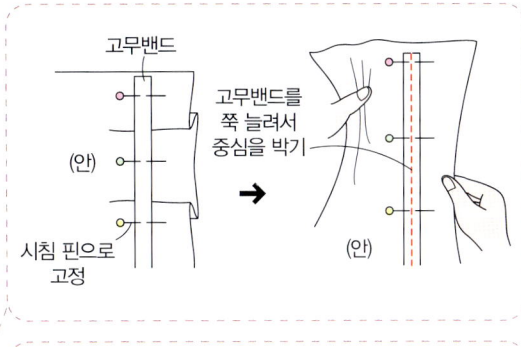

고무밴드
(안)
고무밴드를 쭉 늘려서 중심을 박기
시침 핀으로 고정
(안)

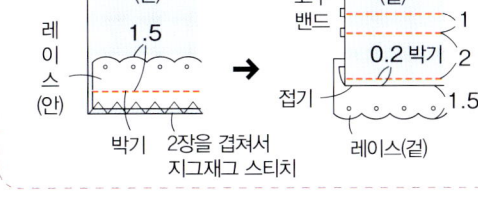

(겉)
레이스 (안)
1.5
박기
2장을 겹쳐서 지그재그 스티치
고무밴드
(겉)
1
0.2 박기 2
접기
1.5
레이스(겉)

2 밑아래선을 박는다

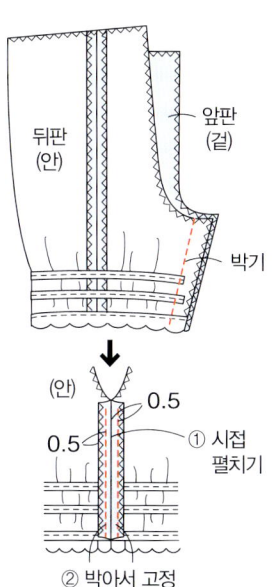

뒤판 (안)
앞판 (겉)
박기

(안)
0.5
0.5
① 시접 펼치기
② 박아서 고정

3 밑위선을 박는다

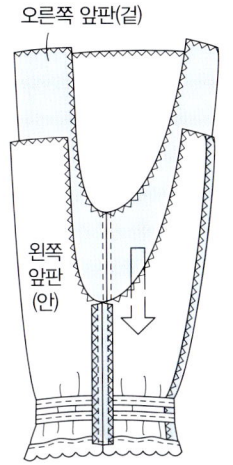

오른쪽 앞판(겉)
왼쪽 앞판 (안)

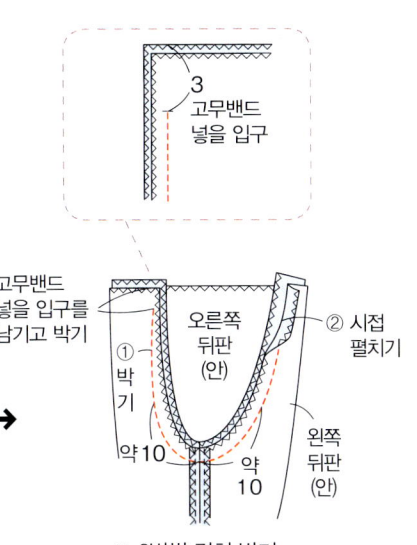

3
고무밴드 넣을 입구

고무밴드 넣을 입구를 남기고 박기
① 박기
오른쪽 뒤판 (안)
② 시접 펼치기
약 10
약 10
왼쪽 뒤판 (안)

※ 오른쪽 바지와 왼쪽 바지가 겉끼리 마주 보도록 포개어 넣기

※ 2번씩 겹쳐 박기

4 허리선을 접어 박은 후 고무밴드를 넣고 단추를 단다

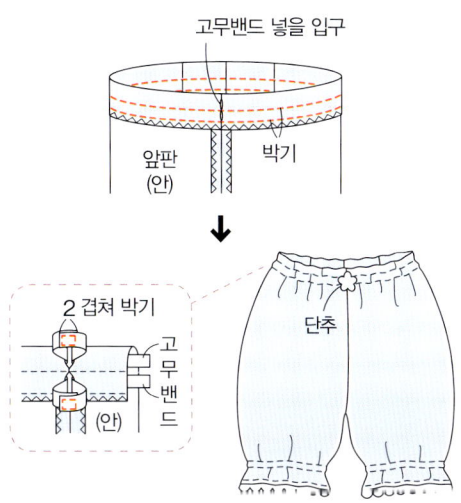

고무밴드 넣을 입구
앞판 (안)
박기

2 겹쳐 박기
고무밴드
(안)
단추

재료

- 원　단 : 더블거즈(폭 110cm×길이 100cm)
- 부자재 : 바이어스 테이프(폭 1.27cm×길이 120cm)
　　　　고무밴드(폭 0.9cm×길이 50cm)
　　　　주름 레이스(폭 2.5cm×길이 110cm)
　　　　단추 1개(지름 1cm)

일러두기

- 이 도안은 110cm 사이즈를 기준으로 작성되었습니다.
- 먼저 재단 도안의 굵은 선을 따라 자른 후, 시접 치수(❶과 같은 원숫자)만큼 들어간 안쪽에서 바느질합니다.
- 겹쳐진 숫자는 100cm/110cm 사이즈이며, 검은색은 공통 사이즈입니다.
- 프릴은 바이어스 재단을 합니다.
- 바이어스 테이프와 주름 레이스는 넉넉하게 준비해서, 각 사이즈의 연결 치수에 맞춰 여분을 자릅니다.

바느질 순서 : 프릴 튜닉(no.20)

1 뒤판 중심선을 박고 트임 만들기
2 어깨선 박기
3 목둘레 박기(p70의 4 참조)
4 진동둘레, 옆선 박기(p70의 5 참조)
5 밑단 박기
6 프릴 만들어 달기
7 단추 달기

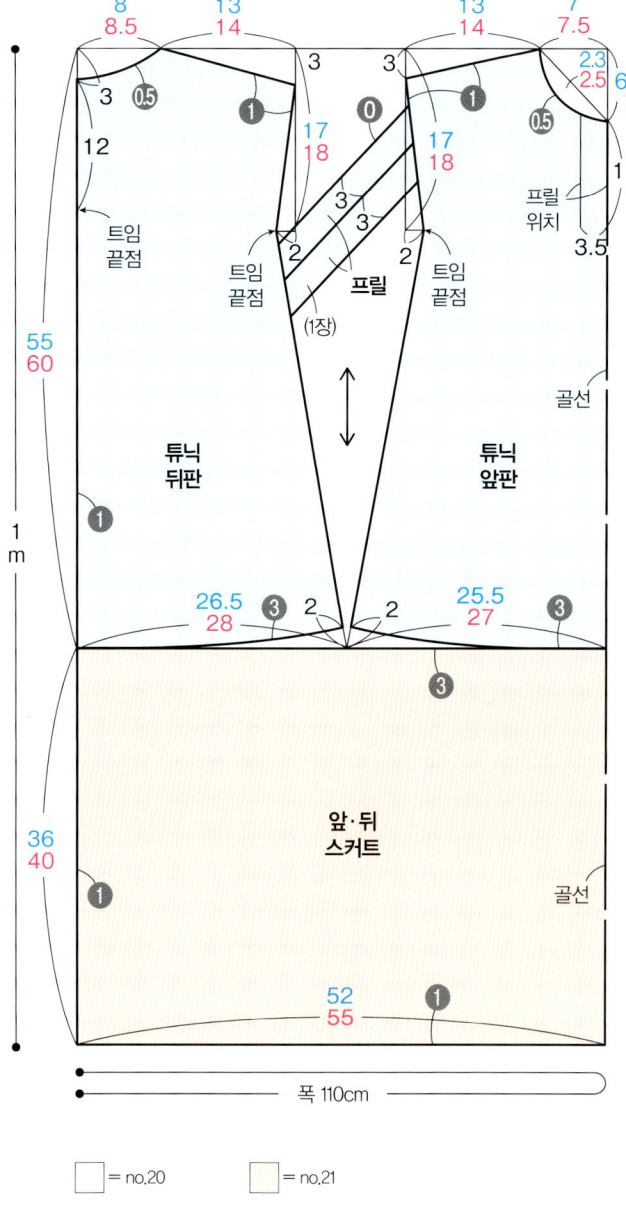

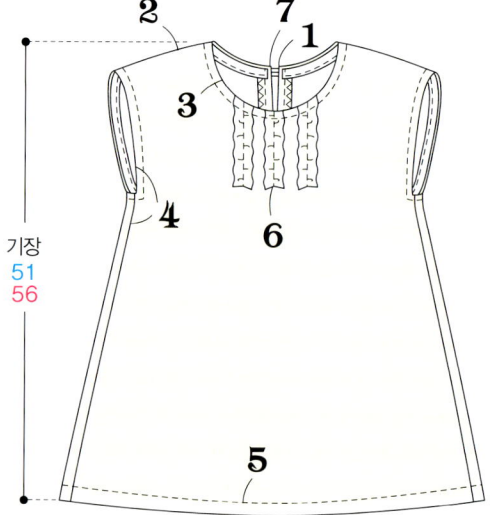

□ = no.20　▨ = no.21

1 뒤판 중심선을 박고 트임을 만든다

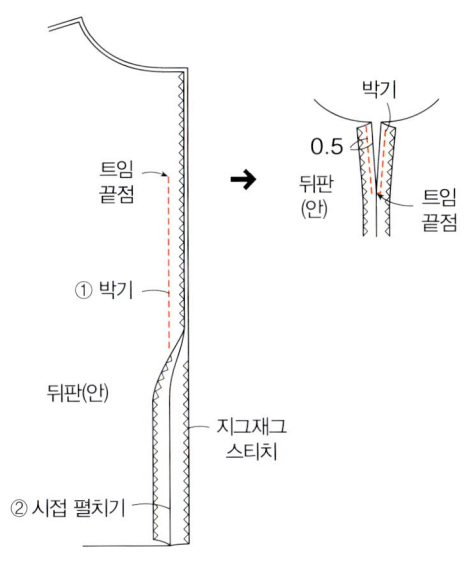

박기

트임
끝점

① 박기

0.5

뒤판
(안)

트임
끝점

뒤판(안)

지그재그
스티치

② 시접 펼치기

2 어깨선을 박는다

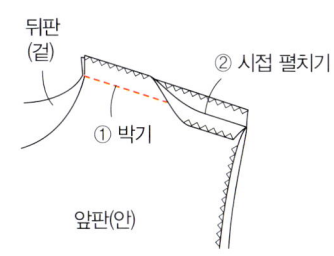

뒤판
(겉)

② 시접 펼치기

① 박기

앞판(안)

3 목둘레를 박는다(p70의 4 참조)

4 진동둘레, 옆선을 박는다(p70의 5 참조)

5 밑단을 박는다

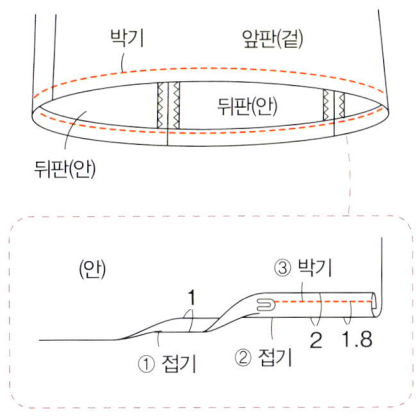

박기

앞판(겉)

뒤판(안)

뒤판(안)

(안)

③ 박기

1

① 접기

② 접기

2   1.8

6 프릴을 3장 만들어 단다

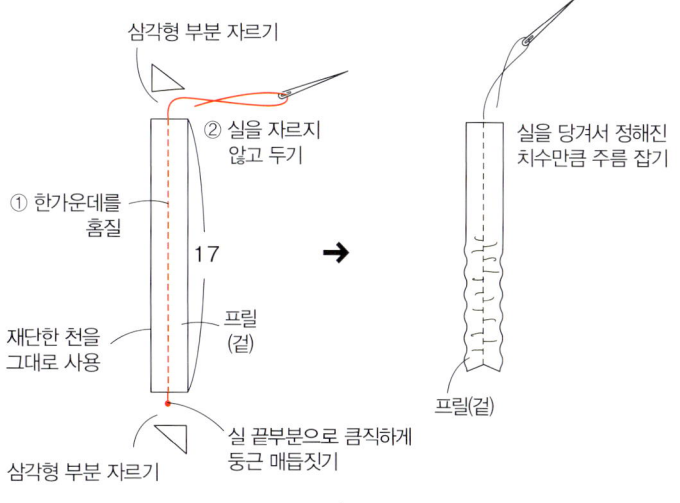

삼각형 부분 자르기

② 실을 자르지
않고 두기

① 한가운데를
홈질

17

재단한 천을
그대로 사용

프릴
(겉)

삼각형 부분 자르기

실 끝부분으로 큼직하게
둥근 매듭짓기

실을 당겨서 정해진
치수만큼 주름 잡기

프릴(겉)

7 단추를 단다

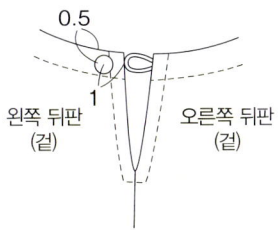

0.5

1

왼쪽 뒤판
(겉)

오른쪽 뒤판
(겉)

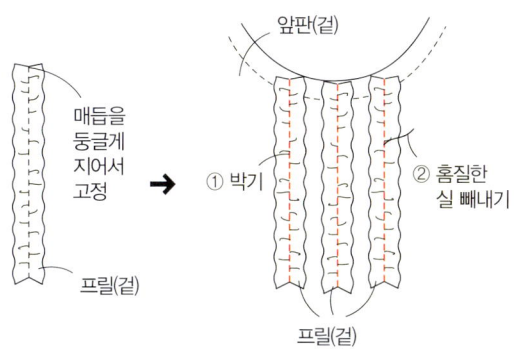

매듭을
둥글게
지어서
고정

앞판(겉)

① 박기

② 홈질한
실 빼내기

프릴(겉)

프릴(겉)

🪡 바느질 순서 : 스커트(no.21)

1 옆선 박기
2 허리선 접어 박기
3 밑단에 레이스 달기
4 고무밴드 넣기

☆ = 48/50 cm 길이의 고무밴드 넣기
(시접 2cm 포함, 1줄)

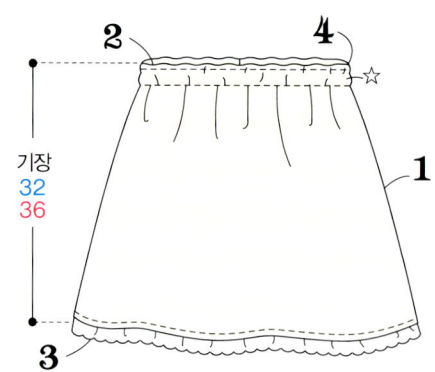

기장 32 36

2
4
☆
1
3

1 옆선을 박는다

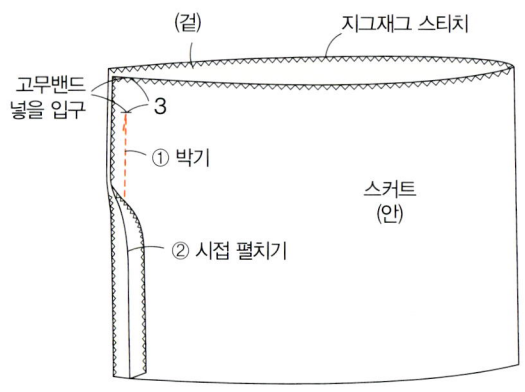

(겉)
지그재그 스티치
고무밴드
넣을 입구
3
① 박기
스커트
(안)
② 시접 펼치기

2 허리선을 접어 박는다

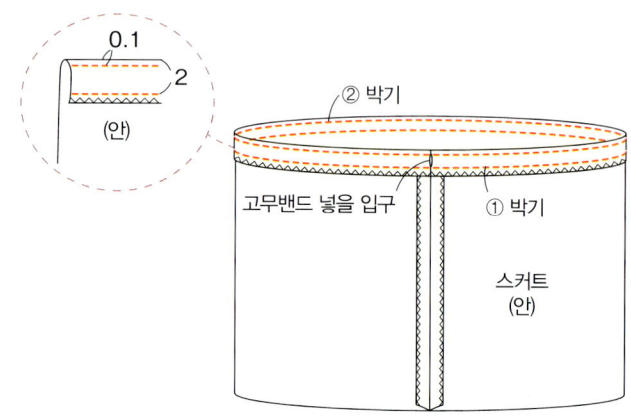

0.1
2
(안)
② 박기
고무밴드 넣을 입구
① 박기
스커트
(안)

3 밑단에 레이스를 단다

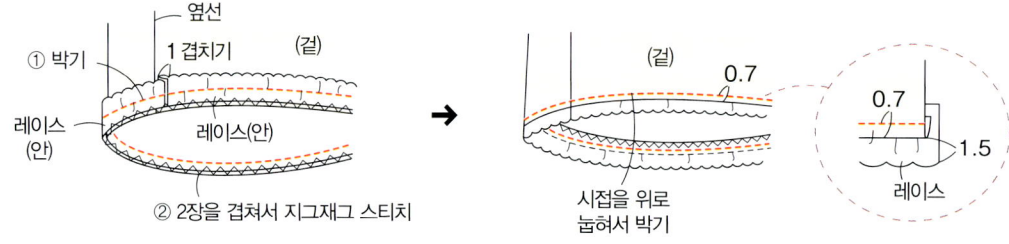

옆선
① 박기
1 겹치기
(겉)
레이스
(안)
레이스(안)
② 2장을 겹쳐서 지그재그 스티치

→

(겉)
0.7
0.7
1.5
레이스
시접을 위로 눕혀서 박기

4 고무밴드를 넣는다

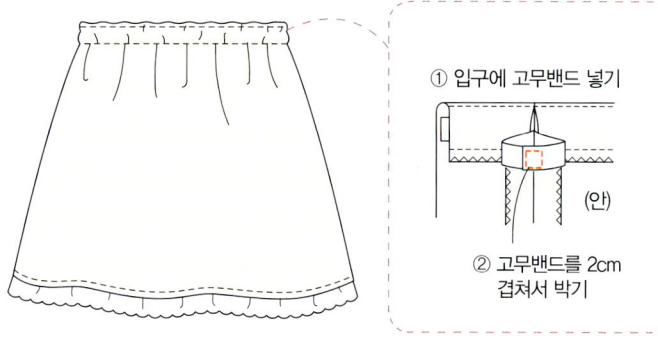

① 입구에 고무밴드 넣기
(안)
② 고무밴드를 2cm 겹쳐서 박기

※ 고무밴드를 넣을 때는
'안전핀' 또는 '고무줄 끼우개'를 사용

how to make 아플리케 블라우스 & 바지 & 슈슈 p21

재료

- 원 단 : 더블거즈 자카드(폭 110cm×길이 100cm)
- 부자재 : 바이어스 테이프(폭 1.27cm×길이 120cm)
  바지용 고무밴드(폭 1.5cm×길이 50cm)
  슈슈용 고무밴드(폭 0.5cm×길이 20cm)
  리본 테이프(폭 2.5cm×길이 100cm)
  단추 1개(지름 1.3cm)

일러두기

- 이 도안은 110cm 사이즈를 기준으로 작성되었습니다.
- 먼저 재단 도안의 굵은 선을 따라 자른 후, 시접 치수(❶과 같은 원숫자)만큼 들어간 안쪽에서 바느질합니다.
- 겹쳐진 숫자는 100cm/110cm 사이즈이며, 검은색은 공통 사이즈입니다.
- 더블거즈의 앞·뒷면을 각각 겉으로 사용하여 상·하의를 만듭니다.

바느질 순서 : 아플리케 블라우스(no.23)

1 앞 몸판에 리본 아플리케
2 뒤판 중심선 박고 트임 만들기(p67의 1 참조)
3 어깨선 박기(p67의 2 참조)
4 목둘레 박기
5 진동둘레, 옆선 박기
6 밑단 박기(p67의 5 참조)
7 단추 달기

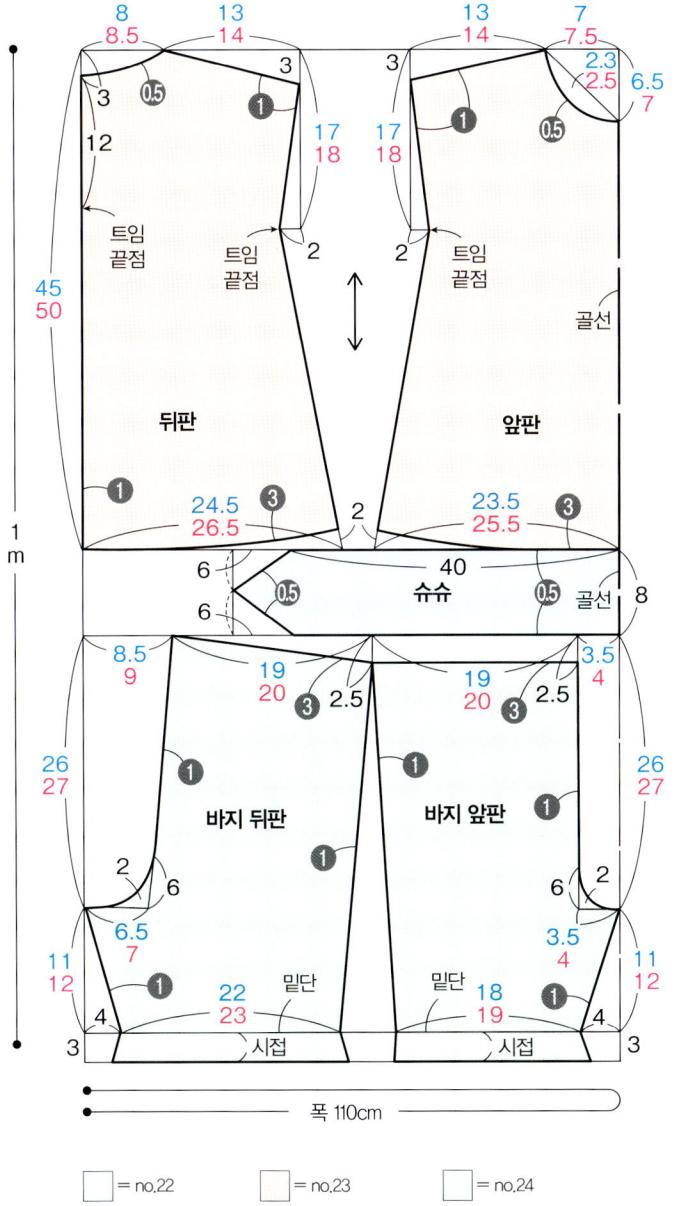

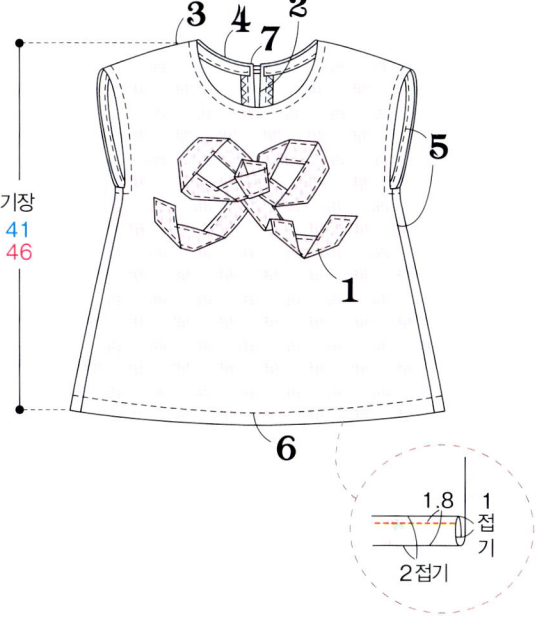

1 앞 몸판에 리본을 아플리케한다

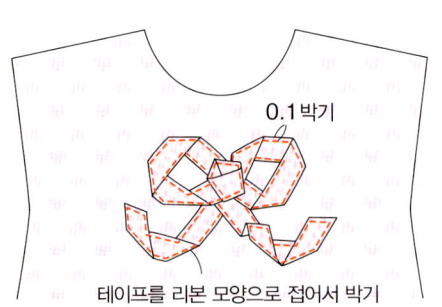

0.1 박기

테이프를 리본 모양으로 접어서 박기

2 뒤판 중심선을 박고 트임을 만든다(p67의 1 참조)

3 어깨선을 박는다(p67의 2 참조)

4 목둘레를 박는다

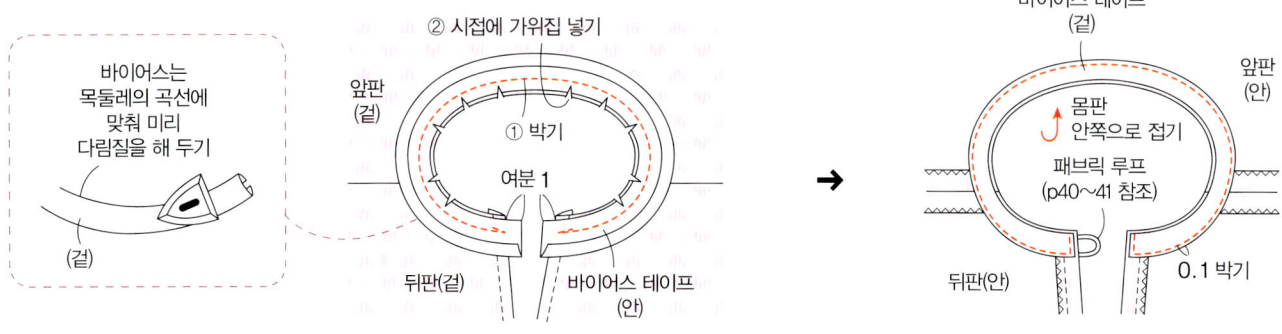

바이어스는 목둘레의 곡선에 맞춰 미리 다림질을 해 두기

(겉)

② 시접에 가위집 넣기

앞판 (겉)

① 박기

여분 1

뒤판(겉)

바이어스 테이프 (안)

바이어스 테이프 (겉)

앞판 (안)

몸판 안쪽으로 접기

패브릭 루프 (p40~41 참조)

뒤판(안)

0.1 박기

5 진동둘레, 옆선을 박는다

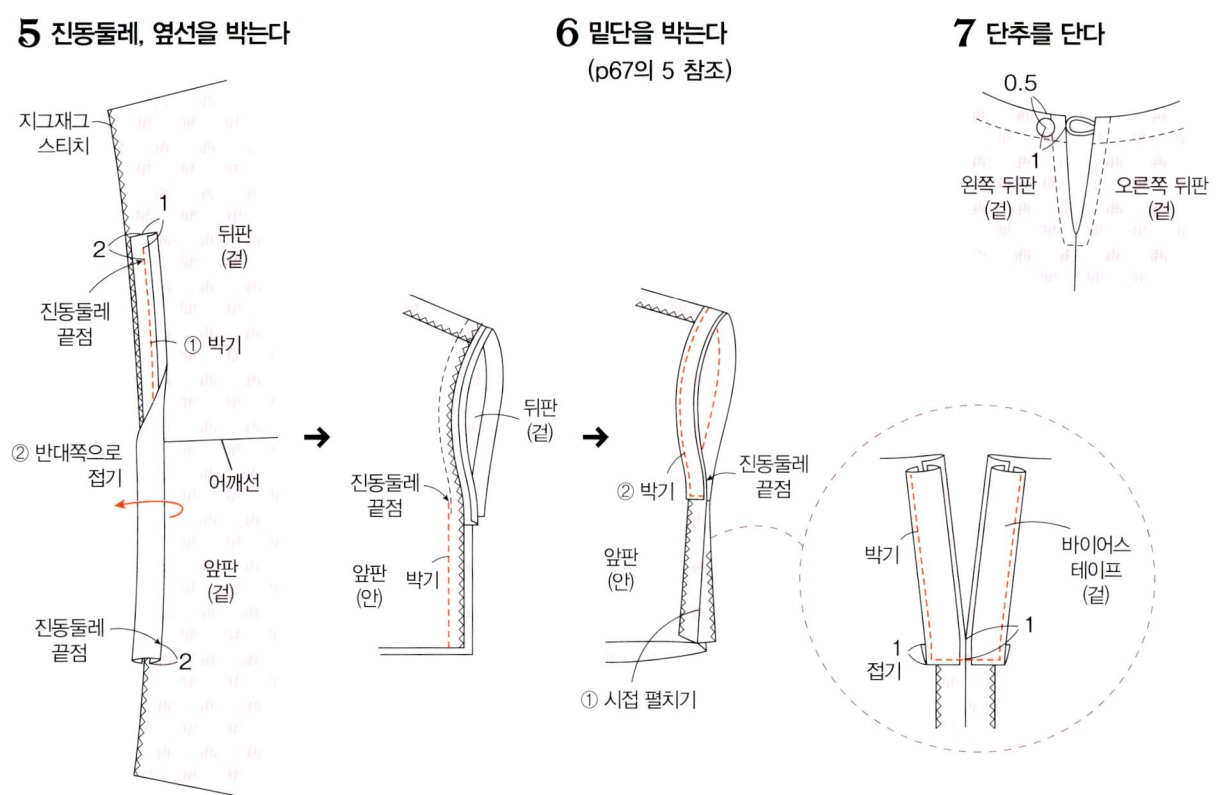

지그재그 스티치

1

2

진동둘레 끝점

① 박기

뒤판 (겉)

② 반대쪽으로 접기

어깨선

앞판 (겉)

진동둘레 끝점

2

진동둘레 끝점

뒤판 (겉)

진동둘레 끝점

앞판 (안)

박기

6 밑단을 박는다
(p67의 5 참조)

② 박기

진동둘레 끝점

앞판 (안)

① 시접 펼치기

박기

접기

1

1

바이어스 테이프 (겉)

7 단추를 단다

0.5

1

왼쪽 뒤판 (겉)

오른쪽 뒤판 (겉)

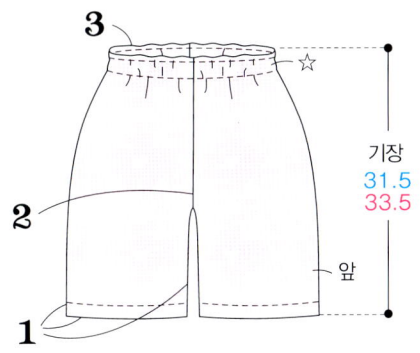

바느질 순서 : 바지(no.24)

1 옆선, 밑아래선, 밑단 박기
2 밑위선 박기
3 허리선을 접어 박은 후 고무밴드 넣기

☆ = 48 / 50 cm 길이의 고무밴드 넣기
(시접 2cm 포함, 1줄)

기장
31.5
33.5

앞

고무밴드 3 넣을 입구
(안)

1 옆선, 밑아래선, 밑단을 박는다

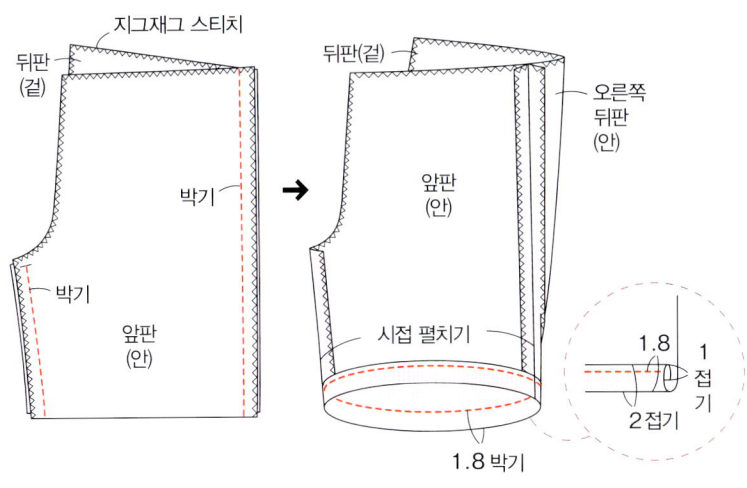

2 밑위선을 박는다

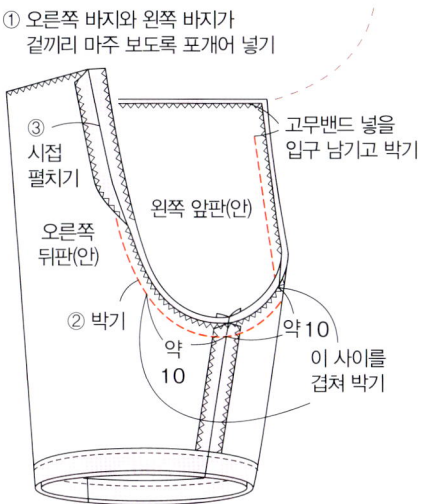

① 오른쪽 바지와 왼쪽 바지가 겉끼리 마주 보도록 포개어 넣기

3 허리선을 접어 박은 후 고무밴드를 넣는다

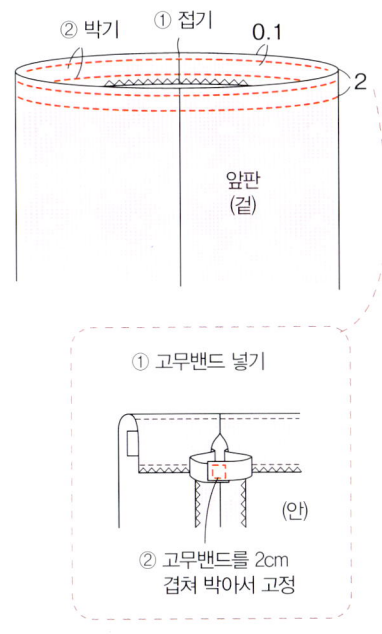

바느질 순서 : 슈슈(no.22)

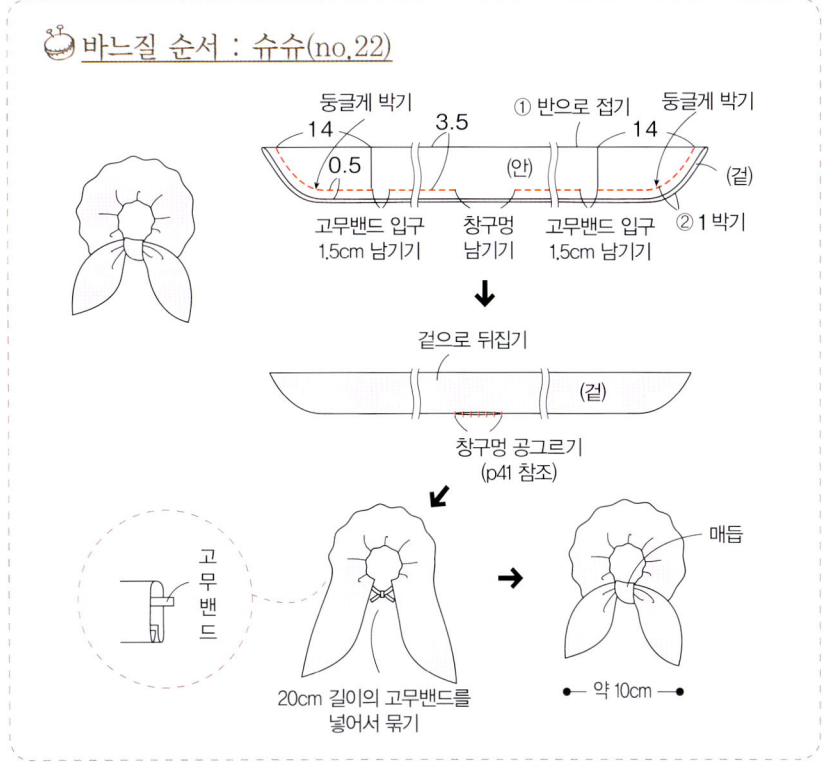

🌸 재료

- 원 단 : 면(폭 110cm×길이 100cm)
- 부자재 : 안단용 접착심(폭 112cm×길이 15cm)
  바이어스 테이프(폭 1.27cm×길이 40cm)
  단추 1개(지름 1.3cm)

🌸 일러두기

- 이 도안은 110cm 사이즈를 기준으로 작성되었습니다.
- 먼저 재단 도안의 굵은 선을 따라 자른 후, 시접 치수(❶과 같은 원숫자)만큼 들어간 안쪽에서 바느질합니다.
- 겹쳐진 숫자는 100cm/110cm 사이즈이며, 검은색은 공통 사이즈입니다.
- 바이어스 테이프는 넉넉하게 준비해서 각 사이즈의 연결 치수에 맞춰 여분을 잘라 냅니다.

🌸 바느질 순서 : 일자소매 원피스(no.25)

1 주머니 만들어 달기
2 목둘레 박기
3 상의 몸판과 하의 몸판 연결하기
4 옆선 박기
5 소매 밑선 박기
6 소맷부리, 가슴 부위 박기
7 밑단 박기(p108의 5 참조)
8 단추 달기

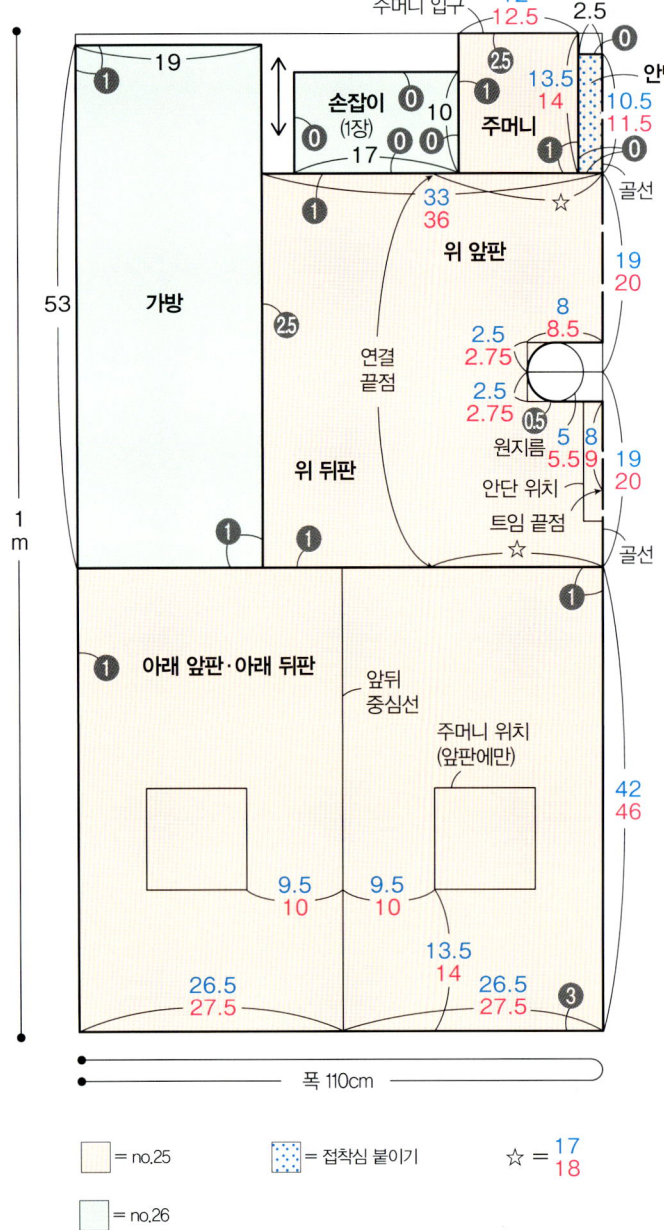

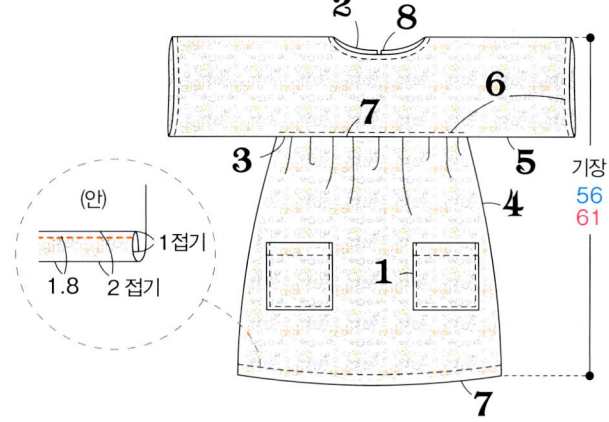

= no.25
= 접착심 붙이기
☆ = 17 / 18

= no.26

폭 110cm

1 주머니를 만들어 단다

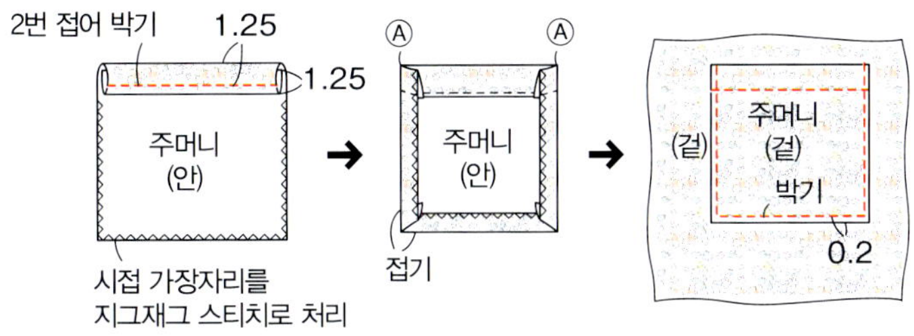

2번 접어 박기 1.25

1.25

주머니 (안)

시접 가장자리를
지그재그 스티치로 처리

Ⓐ Ⓐ

주머니 (안)

접기

주머니 (겉)

주머니 (겉)
박기

0.2

주머니 입구의 모서리 처리

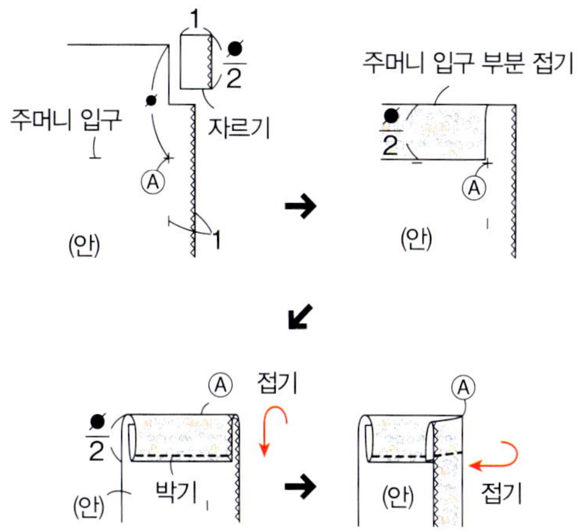

1
2

주머니 입구

자르기

Ⓐ

(안)

1

주머니 입구 부분 접기

2

(안)

Ⓐ

1
2

(안) 박기

Ⓐ 접기

Ⓐ

(안) 접기

2 목둘레를 박는다

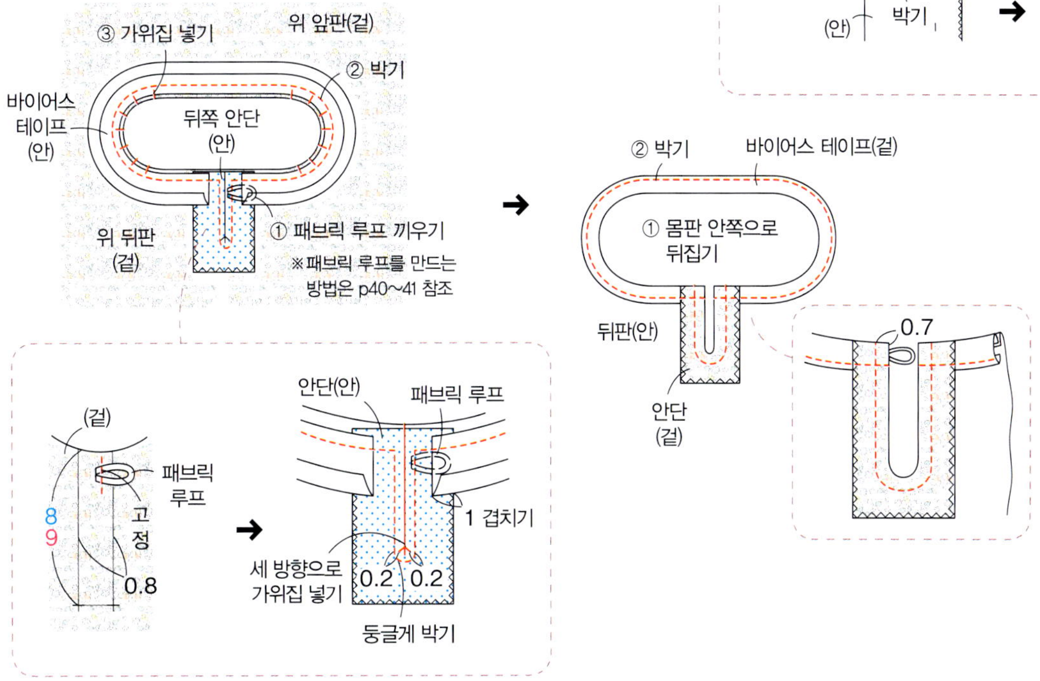

③ 가위집 넣기

위 앞판(겉)

② 박기

바이어스
테이프
(안)

뒤쪽 안단
(안)

위 뒤판
(겉)

① 패브릭 루프 끼우기

※패브릭 루프를 만드는
방법은 p40~41 참조

② 박기   바이어스 테이프(겉)

① 몸판 안쪽으로
뒤집기

뒤판(안)

안단
(겉)

0.7

(겉)

8
9

패브릭
루프

고
정

0.8

안단(안)   패브릭 루프

1 겹치기

세 방향으로
가위집 넣기

0.2 0.2

둥글게 박기

3 상의 몸판과 하의 몸판을 연결한다

큰 땀으로 바느질
(주름 잡을 준비)

3 주름 끝부분 0.5 주름 끝부분 3

아래 앞판(겉)

1 연결 치수에 맞춰 주름 잡기 1

위
몸판
(겉)

시접 1cm
남기고 박기

아래 앞판(안)

※ 아래 뒤판도
같은 방식으로 연결

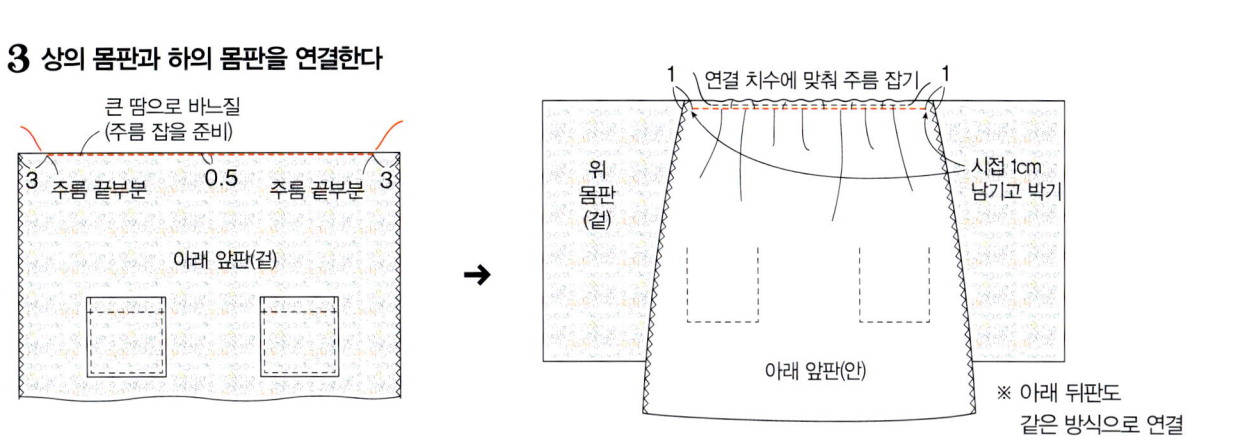

073

4 옆선을 박는다

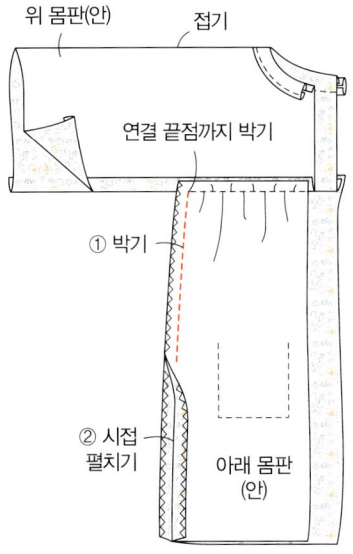

위 몸판(안)
접기
연결 끝점까지 박기
① 박기
② 시접 펼치기
아래 몸판(안)

5 소매 밑선을 박는다

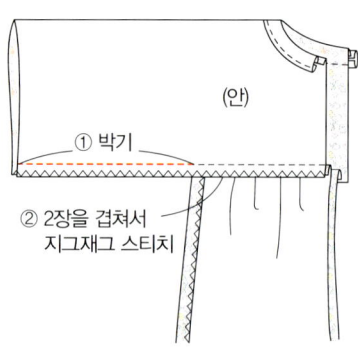

(안)
① 박기
② 2장을 겹쳐서 지그재그 스티치

6 소맷부리, 가슴 부위를 박는다

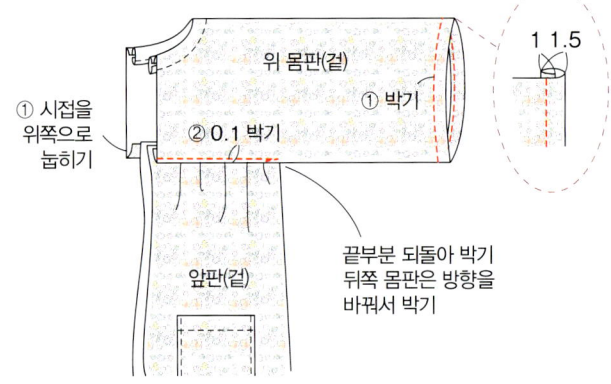

위 몸판(겉)
① 박기
① 시접을 위쪽으로 눕히기
② 0.1 박기
앞판(겉)
끝부분 되돌아 박기
뒤쪽 몸판은 방향을 바꿔서 박기

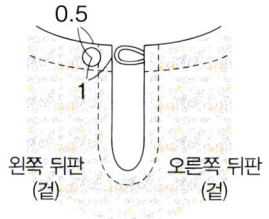

1 1.5

7 밑단을 박는다(p108의 5 참조)

8 단추를 단다

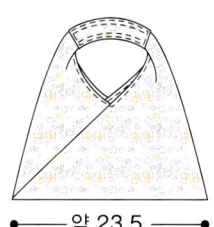

0.5
1
왼쪽 뒤판 (겉)
오른쪽 뒤판 (겉)

바느질 순서 : 보자기 가방(no.26)

1 미리 등분 표시해 두기
2 같은 기호끼리 박아 연결하기
3 겉가방과 속가방 연결하기
4 창구멍 막기
5 손잡이를 만들어서 가방의 끝부분에 붙이기

약 23.5

1 바느질하기 전에 미리 등분 표시를 해 둔다

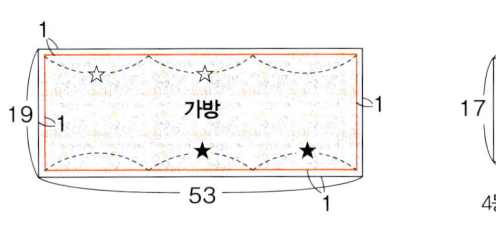

4변에 1cm 크기의 시접을 표시한 후 3등분하기

손잡이

4등분하기

2 같은 기호끼리 박아 연결한다

※ 속가방도 같은 방법으로 연결

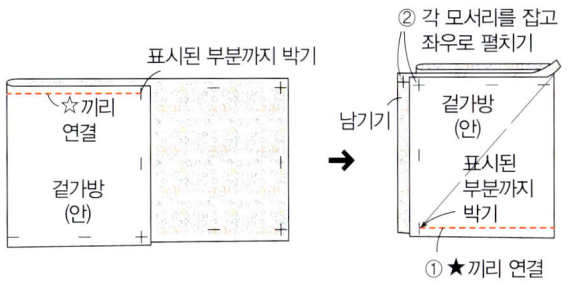

3 겉가방과 속가방을 연결한다

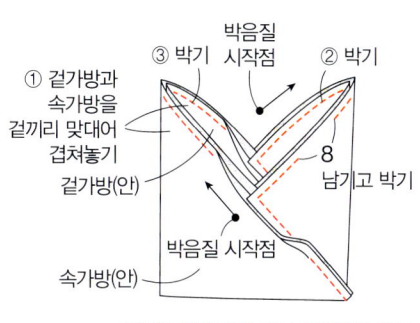

시접을 치워 가면서 표시된 부분 박기

4 창구멍을 막는다

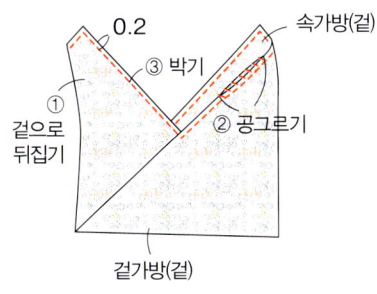

5 손잡이를 만들어서 가방의 끝부분에 붙인다

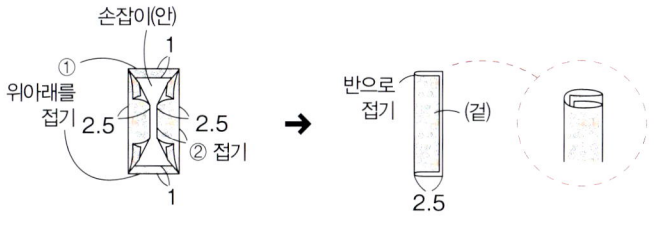

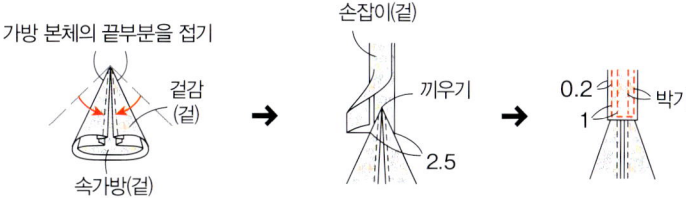

🎀 재료

- 원 단 : 선염 체크(폭 108cm×길이 100cm)
- 부자재 : 바이어스 테이프(폭 1.27cm×길이 120cm)
  단추 1개(지름 1.3cm)

🎀 일러두기

- 이 도안은 110cm 사이즈를 기준으로 작성되었습니다.
- 먼저 재단 도안의 굵은 선을 따라 자른 후, 시접 치수(❶과 같은 원숫자)만큼 들어간 안쪽에서 바느질합니다.
- 겹쳐진 숫자는 100cm / 110cm 사이즈이며, 검은색은 공통 사이즈입니다.
- 바이어스 테이프는 넉넉하게 준비해서, 각 사이즈의 연결 치수에 맞춰 여분을 잘라 냅니다.

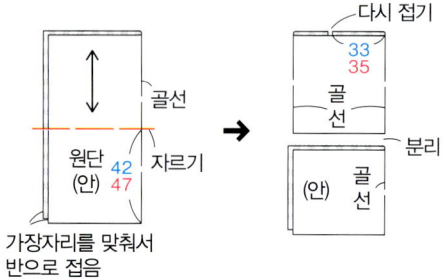

🎀 바느질 순서 : 티어드 원피스(no.27)

1 진동둘레에 바이어스 테이프 달기
2 뒤판 중심선을 박고 트임 만들기
3 어깨선 박기
4 진동둘레 박기
5 목둘레 처리
6 상단, 중단, 하단 스커트 만들기
7 상단, 중단, 하단 스커트 연결하기
8 몸판과 스커트 연결하기(p44의 6 참조)
9 단추 달기

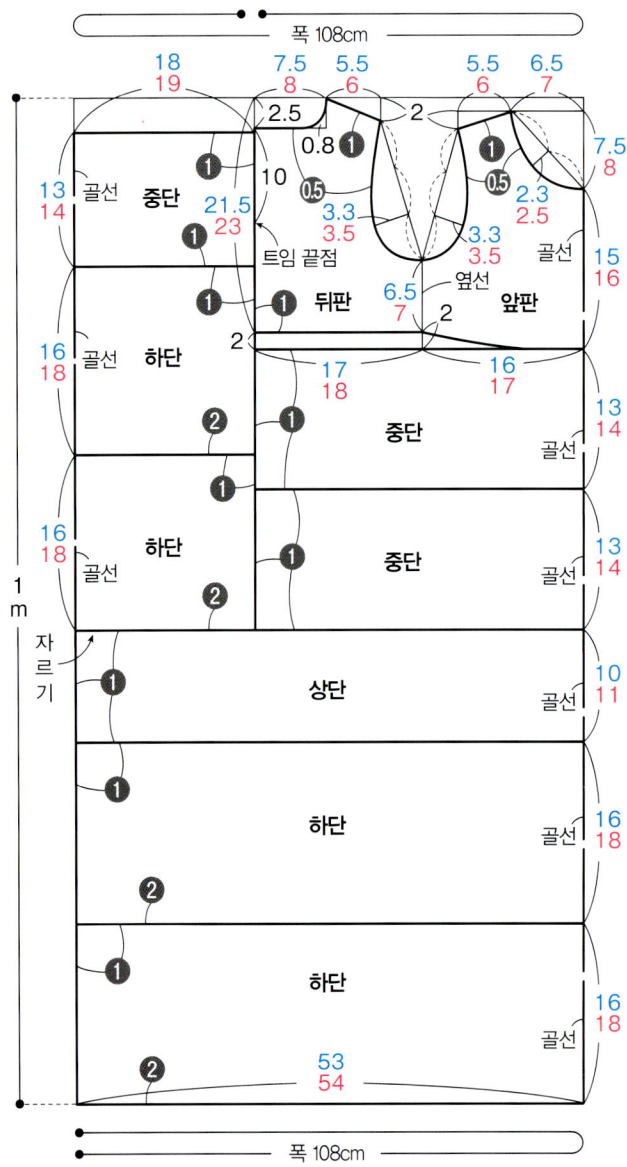

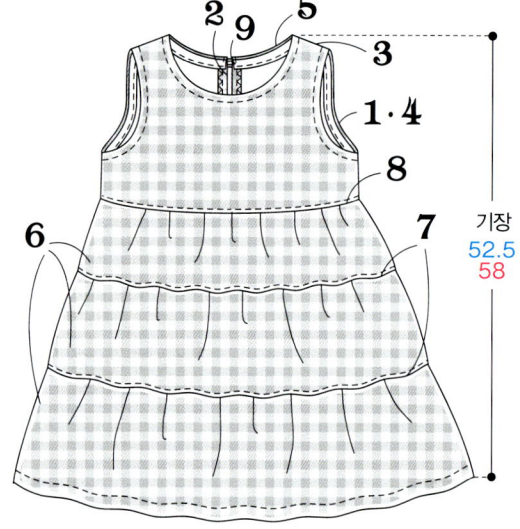

1 진동둘레에 바이어스 테이프를 단다

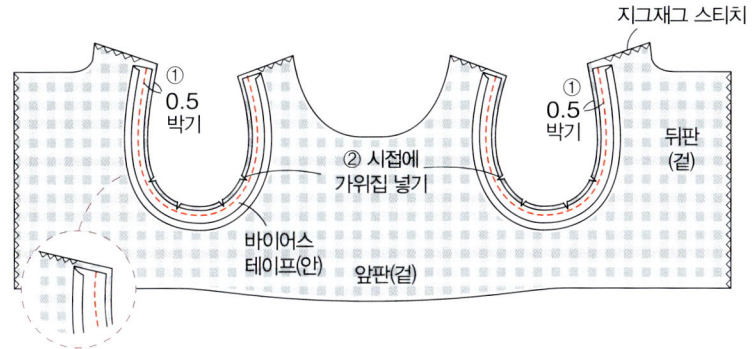

지그재그 스티치

① 0.5 박기

② 시접에 가위집 넣기

① 0.5 박기

뒤판 (겉)

바이어스 테이프(안)

앞판(겉)

2 뒤판 중심선을 박고 트임을 만든다

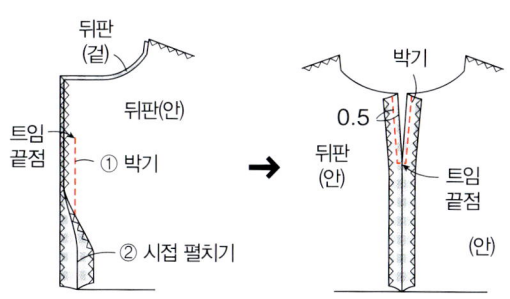

뒤판 (겉)

뒤판(안)

박기

트임 끝점

① 박기

② 시접 펼치기

0.5

뒤판 (안)

트임 끝점

(안)

3 어깨선을 박는다

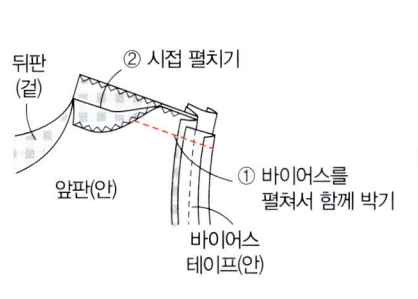

뒤판 (겉)

② 시접 펼치기

앞판(안)

① 바이어스를 펼쳐서 함께 박기

바이어스 테이프(안)

4 진동둘레를 박는다

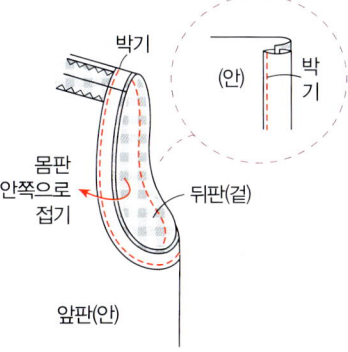

박기

(안)

박기

몸판 안쪽으로 접기

뒤판(겉)

앞판(안)

5 목둘레를 처리한다

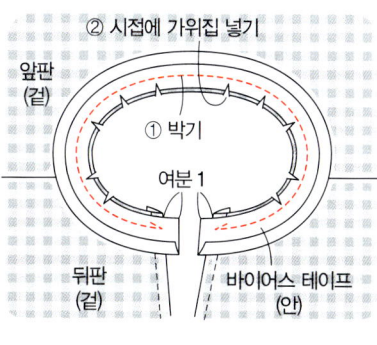

② 시접에 가위집 넣기

앞판 (겉)

① 박기

여분 1

뒤판 (겉)

바이어스 테이프 (안)

↓

바이어스 테이프(겉)

앞판 (안)

몸판 안쪽으로 접기

패브릭 루프 (p40~41 참조)

뒤판(안)

0.1박기

6 상단, 중단, 하단 스커트를 만든다

※ 만드는 방법은 상단, 중단, 하단 공통

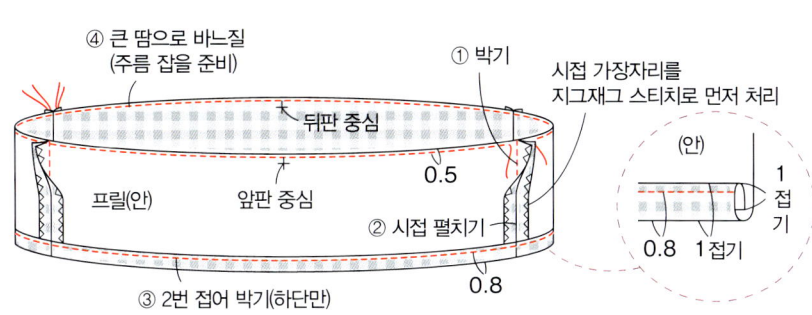

④ 큰 땀으로 바느질 (주름 잡을 준비)

① 박기

시접 가장자리를 지그재그 스티치로 먼저 처리

뒤판 중심

0.5

앞판 중심

프릴(안)

② 시접 펼치기

③ 2번 접어 박기(하단만)

0.8

(안)

1 접기

0.8　1 접기

7 상단, 중단, 하단 스커트를 연결한다

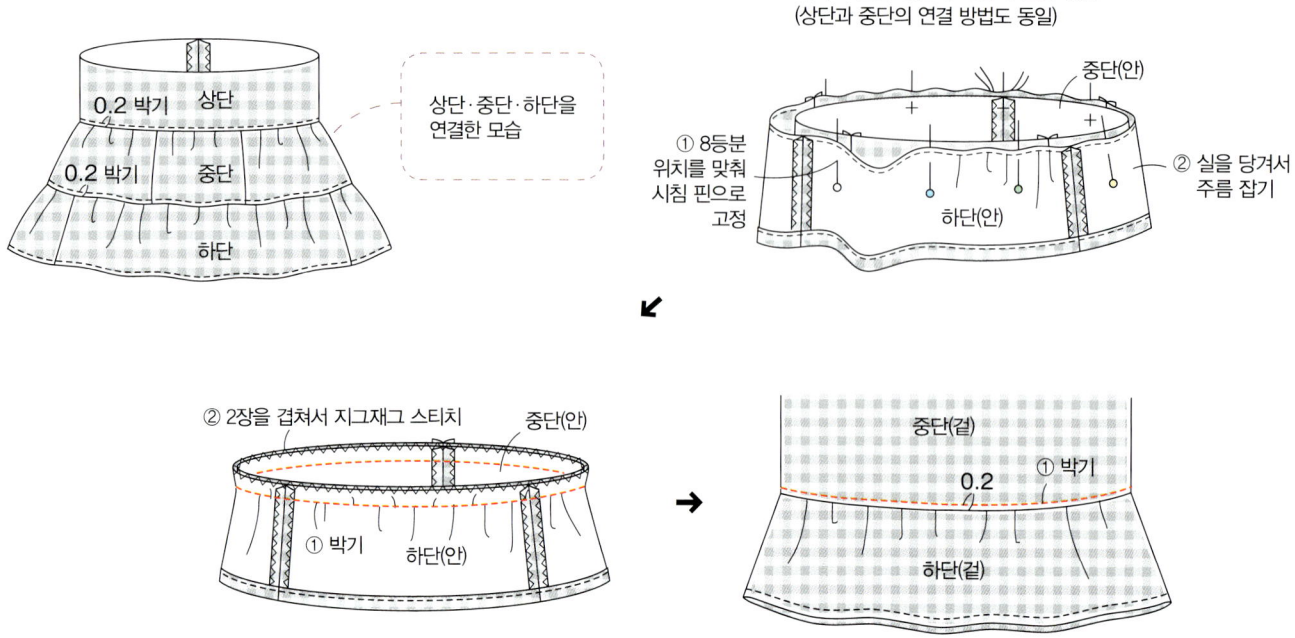

상단·중단·하단을 연결한 모습

0.2 박기 상단
0.2 박기 중단
하단

※ 아래 그림은 중단과 하단의 연결 방법
(상단과 중단의 연결 방법도 동일)

중단(안)
① 8등분 위치를 맞춰 시침 핀으로 고정
하단(안)
② 실을 당겨서 주름 잡기

② 2장을 겹쳐서 지그재그 스티치
중단(안)
① 박기
하단(안)

중단(겉)
0.2
① 박기
하단(겉)

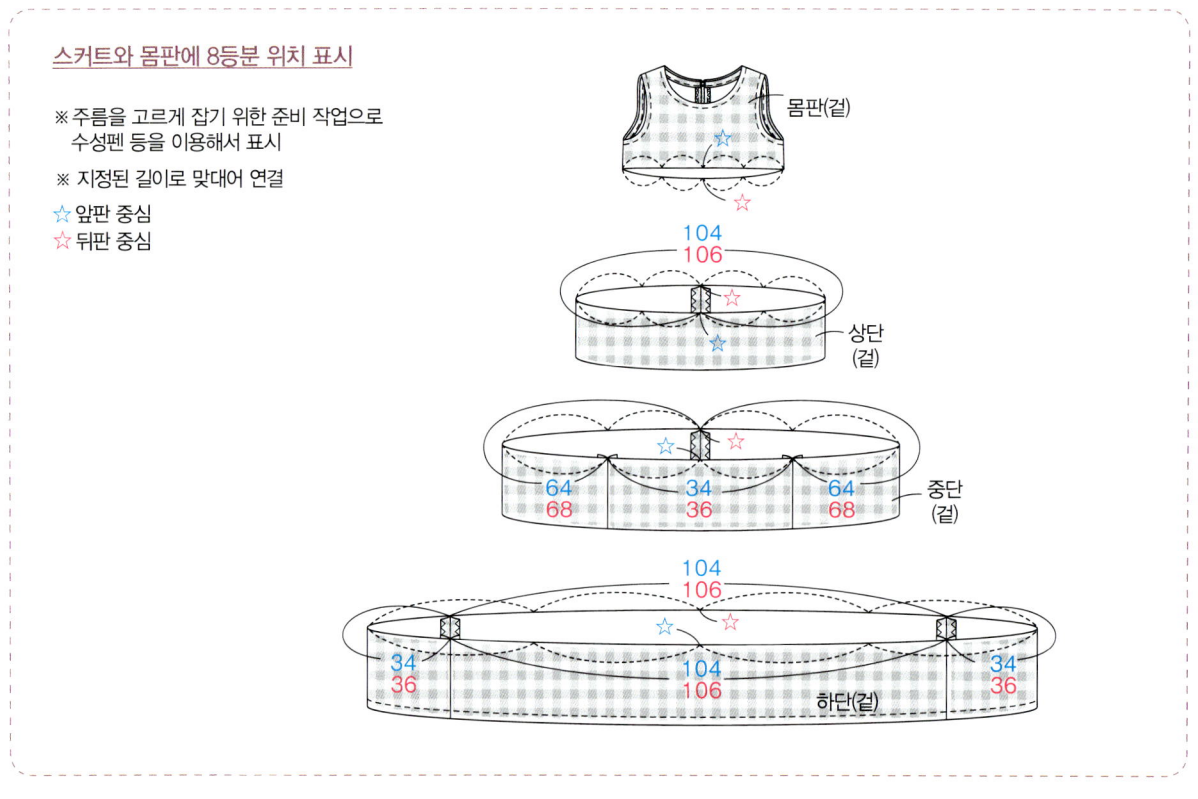

스커트와 몸판에 8등분 위치 표시

※ 주름을 고르게 잡기 위한 준비 작업으로 수성펜 등을 이용해서 표시

※ 지정된 길이로 맞대어 연결

☆ 앞판 중심
☆ 뒤판 중심

몸판(겉)

104
106

상단(겉)

64 / 68   34 / 36   64 / 68
중단(겉)

104
106

34 / 36   104 / 106   34 / 36
하단(겉)

8 몸판과 스커트를 연결한다(p44의 6 참조)

9 단추를 단다

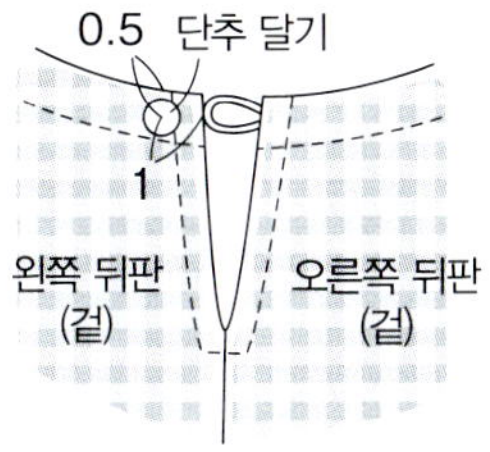

0.5 단추 달기

1

왼쪽 뒤판
(겉)

오른쪽 뒤판
(겉)

<u>실물 패턴 만들기</u>

이 책은 원단에 직접 선을 그려 옷 만들기를 제안하고 있어요.
만약 원단에 직접 선을 그리는 것이 부담스럽게 느껴지거나 같
은 디자인의 옷을 여러 벌 만들고 싶다면 패턴지(부직포)를 활
용해 보세요. 책에 부록으로 포함되어 있는 실물 패턴을 사용
할 때도 패턴지에 베껴서 활용하면 좋답니다.
패턴지를 이용해 실물 패턴을 만든 후, 원단 위에 패턴지를 올
린 후(반드시 식서 방향을 맞춰 주세요) 문진이나 시침 핀으로
고정하여 사용하면 됩니다.

나나

🧵 재료

- 원 단 : 컬러풀 체크(폭 108cm×길이 100cm)
- 부자재 : 접착심(폭 112cm×길이 50cm)
  고무밴드(폭 0.5cm×길이 10cm)
  끈(폭 0.3cm×길이 120cm)
  가방끈용 테이프(폭 1.8cm×길이 80cm)
  단추 7개(지름 1.3cm)

🧵 일러두기

- 이 도안은 110cm 사이즈를 기준으로 작성되었습니다.
- 먼저 재단 도안의 굵은 선을 따라 자른 후, 시접 치수(❶과 같은 원숫자)만큼 들어간 안쪽에서 바느질합니다.
- 겹쳐진 숫자는 100cm/110cm 사이즈이며, 검은색은 공통 사이즈입니다.

🧵 바느질 순서 : 앞트임 원피스(no.29)

1 뒤판 중심선 박기
2 어깨끈 박기
3 몸판과 안단 박기
4 스커트 만들기
5 허리선 박기
6 단춧구멍을 만들고 단추 달기
7 리본 만들어 달기(p83의 4 참조)

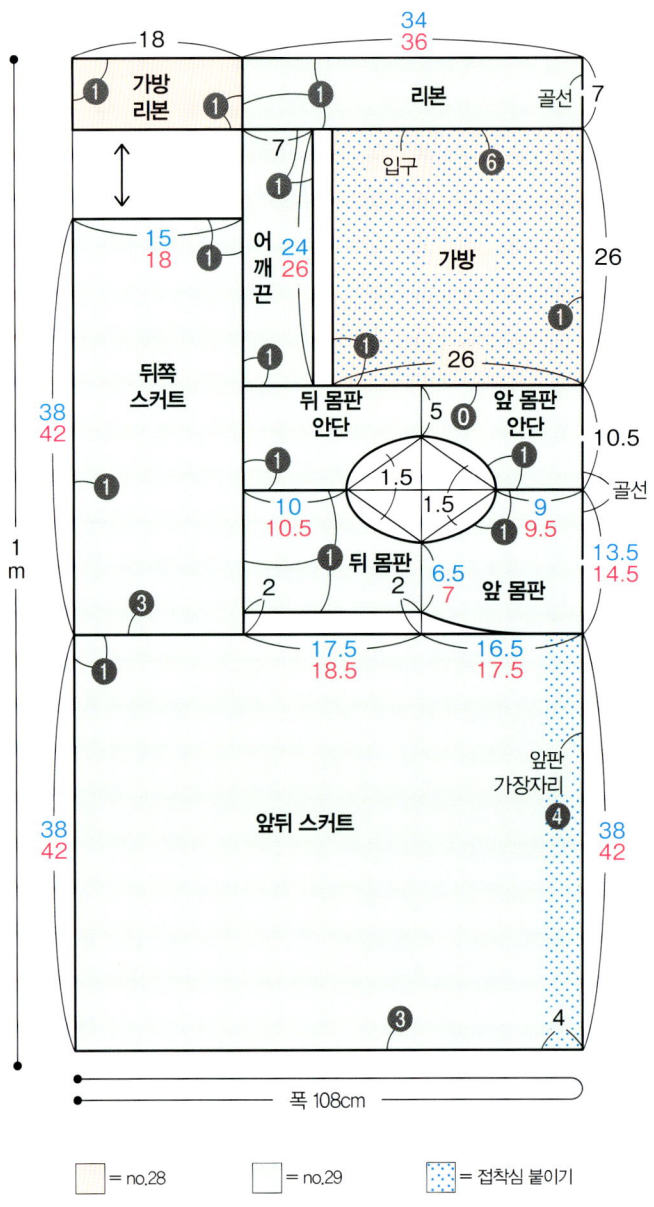

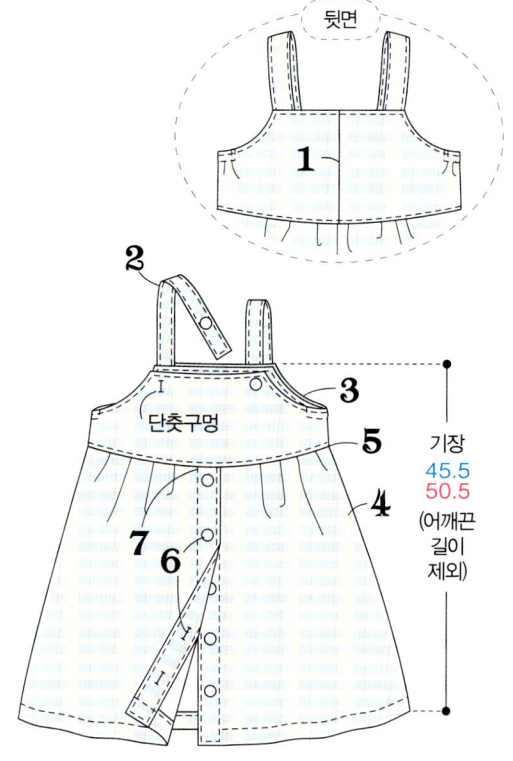

= no.28   = no.29   = 접착심 붙이기

1 뒤판 중심선을 박는다

안단
(안)
① 박기
뒤판 중심선
② 시접 펼치기
지그재그
스티치

몸판
(안)
① 박기
뒤판 중심선
② 시접 펼치기

2 어깨끈을 박는다

박기
0.1
반으로
접기
(겉)
접기
접기
접기
(안)

3 몸판과 안단을 박는다

① 박기
② 곡선 부분에
0.2cm 남기고
가위집 넣기
1
안단
(안)
어깨끈
끼우기
몸판
(안)

0.2 박기
앞판(겉)

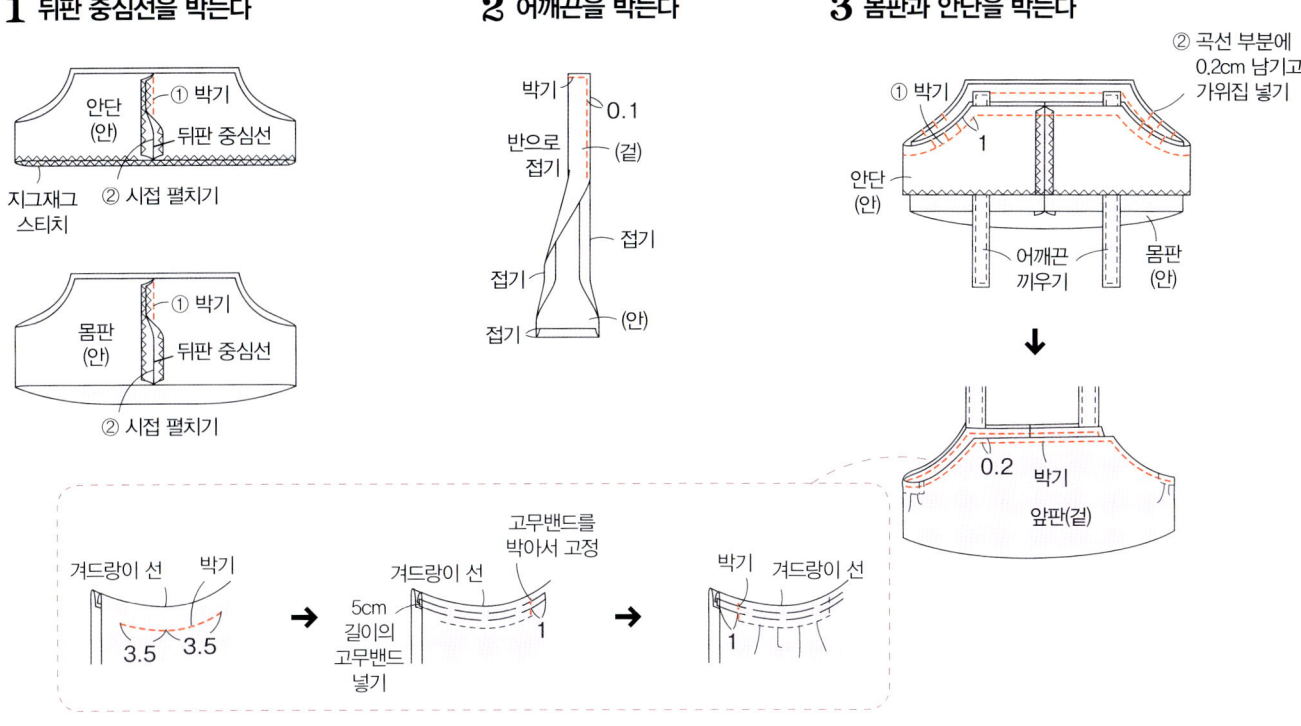

겨드랑이 선 박기
3.5 3.5
→
겨드랑이 선
고무밴드를
박아서 고정
5cm
길이의
고무밴드
넣기
1
→
박기 겨드랑이 선
1

4 스커트를 만든다

① 박은 후 시접 펼치기
1박기 1박기
4
뒤쪽
스커트
(안)
앞뒤
스커트
(안)
② 시접 펼치기
접착심
→

뒤쪽 스커트
(겉)
② 큰 땀으로 바느질
(주름 잡을 준비)
0.5
뒤쪽 중심
1
박기
(안)
2.8
0.2
앞쪽 스커트(안)
밑단
3
앞쪽 가장 자리
(안)
1 접기
1.8 2 접기
① 박기

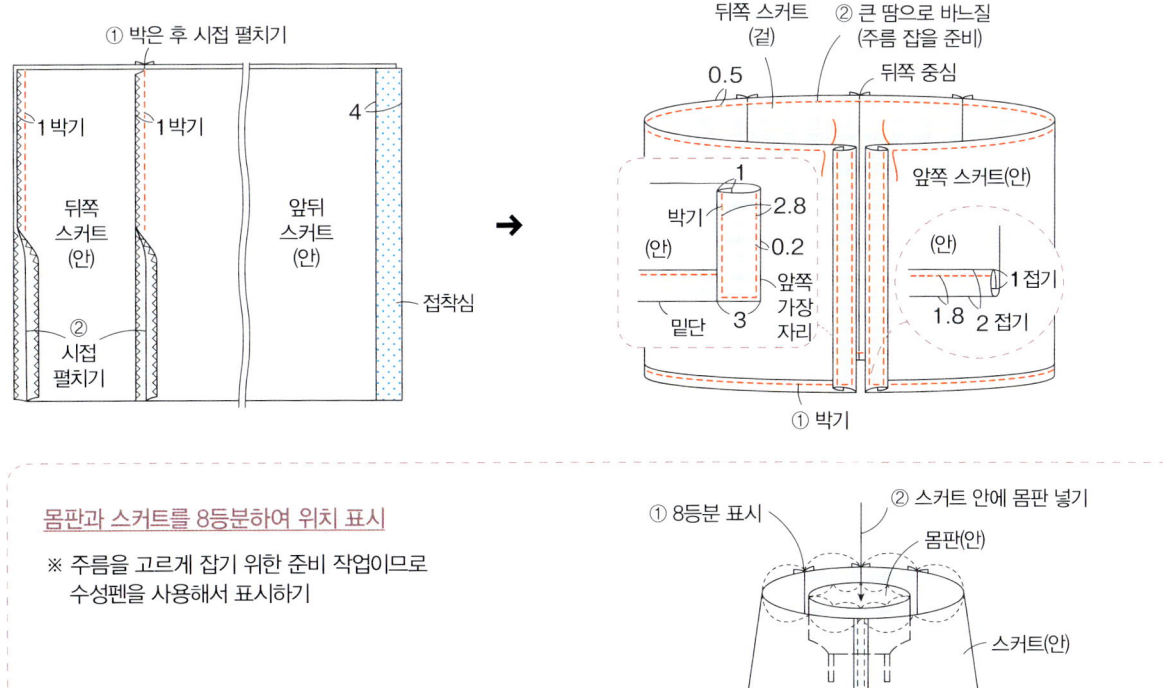

몸판과 스커트를 8등분하여 위치 표시

※ 주름을 고르게 잡기 위한 준비 작업이므로
수성펜을 사용해서 표시하기

① 8등분 표시
② 스커트 안에 몸판 넣기
몸판(안)
스커트(안)

5 허리선을 박는다

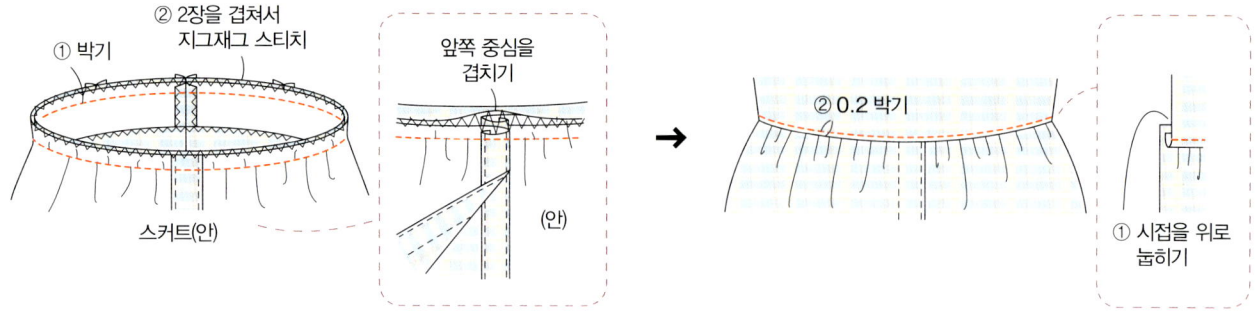

① 박기
② 2장을 겹쳐서 지그재그 스티치
스커트(안)

앞쪽 중심을 겹치기
(안)

② 0.2 박기
① 시접을 위로 눕히기

6 단춧구멍을 만들고 단추를 단다

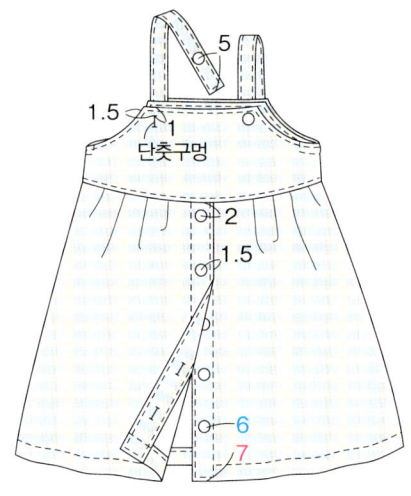

5
1.5
1
단춧구멍
2
1.5
6
7

7 리본을 만들어 단다

※ 리본 만드는 방법은 p83의 4 참조

리본 묶기

0.4

🧵 바느질 순서 : 개더백(no.28)

1 옆선, 밑선 박기
2 모서리 각 잡기
3 끈 넣을 부분을 박고, 손잡이 달기
4 리본 만들어 달기
5 리본 달고 끈 꿰기

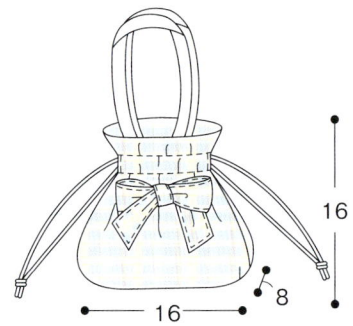

16
16
8

1 옆선, 밑선을 박는다

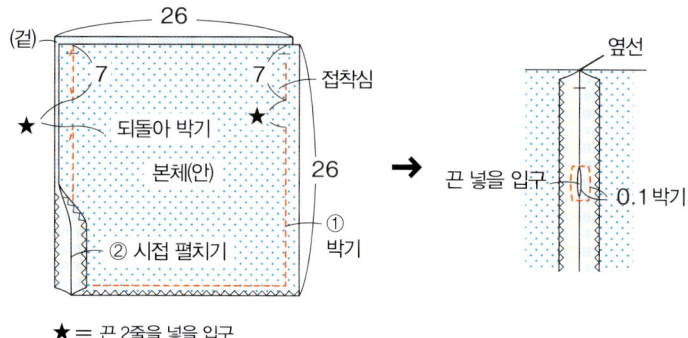

26
(겉)
7   7   접착심
★   ★
되돌아 박기
본체(안)   26
② 시접 펼치기   ① 박기

옆선
끈 넣을 입구   0.1 박기

★ = 끈 2줄을 넣을 입구

2 모서리 각을 잡는다

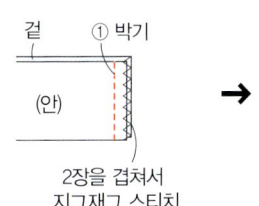

바닥의 중앙과 옆선을 맞추기

(안)

접기

4   4

3 끈 넣을 부분을 박고, 손잡이를 단다

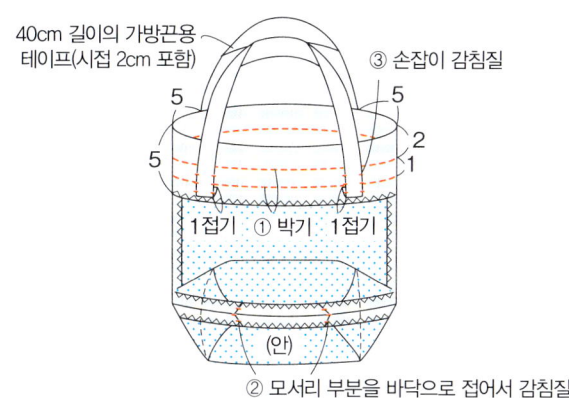

40cm 길이의 가방끈용
테이프(시접 2cm 포함)

③ 손잡이 감침질

5   5

5   2
          1

1접기   ① 박기   1접기

(안)

② 모서리 부분을 바닥으로 접어서 감침질

4 리본을 만든다

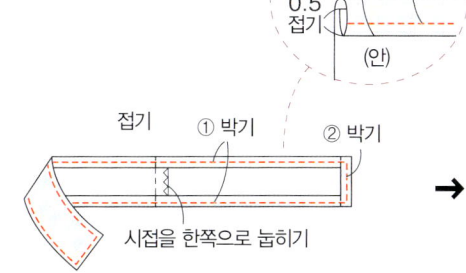

0.5접기   0.3

0.5
접기

(안)

겉   ① 박기

(안)

2장을 겹쳐서
지그재그 스티치

접기   ① 박기   ② 박기

시접을 한쪽으로 눕히기

5 리본을 달고 끈을 꿴다

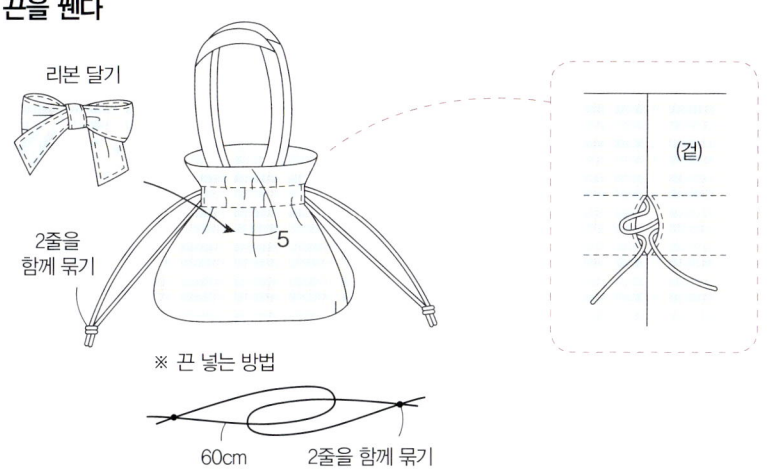

리본 달기

(겉)

2줄을
함께 묶기

5

※ 끈 넣는 방법

60cm   2줄을 함께 묶기

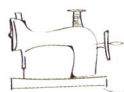

how to make 양쪽리본 원피스 & 둥근바닥 가방 p25

🎀 재료

- 원 단 : 면마 혼방(폭 110cm×길이 100cm)
- 부자재 : 접착심(폭 112cm×길이 40cm)
  곡선 테이프(폭 1cm×길이 170cm)
  단추 2개(지름 1.3cm)

🎀 일러두기

- 이 도안은 110cm 사이즈를 기준으로 작성되었습니다.
- 먼저 재단 도안의 굵은 선을 따라 자른 후, 시접 치수(❶과 같은 원숫자)만큼 들어간 안쪽에서 바느질합니다.
- 겹쳐진 숫자는 100cm/110cm 사이즈이며, 검은색은 공통 사이즈입니다.

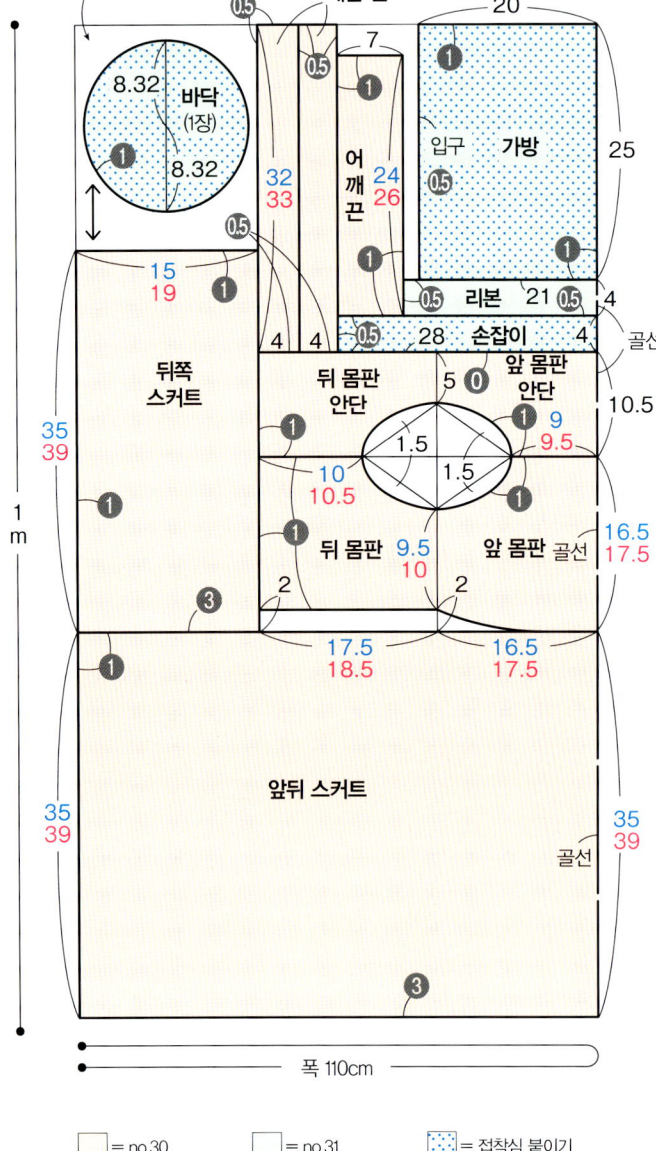

🎀 바느질 순서 : 양쪽리본 원피스(no.30)

1 뒤판 중심선 박기
2 어깨끈 박기
3 몸판과 안단 박기 ⎫ p81의 1~3 참조
4 스커트 만들고 곡선 테이프 달기
5 허리선 박기
6 단춧구멍 만들고 단추 달기
7 매듭 끈 만들어 달기

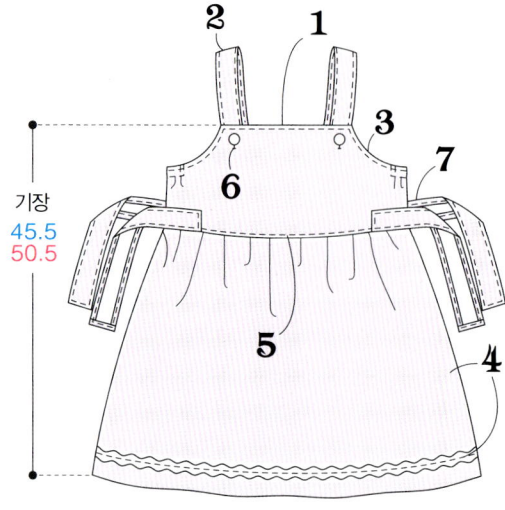

※ 몸판 뒷면은 no.29(p80)와 동일

☐ = no.30   ☐ = no.31   ▦ = 접착심 붙이기

1 뒤판 중심선을 박는다

2 어깨끈을 박는다

3 몸판과 안단을 박는다

p81의 1~3 참조

4 스커트를 만들고 하단에 곡선 테이프를 단다

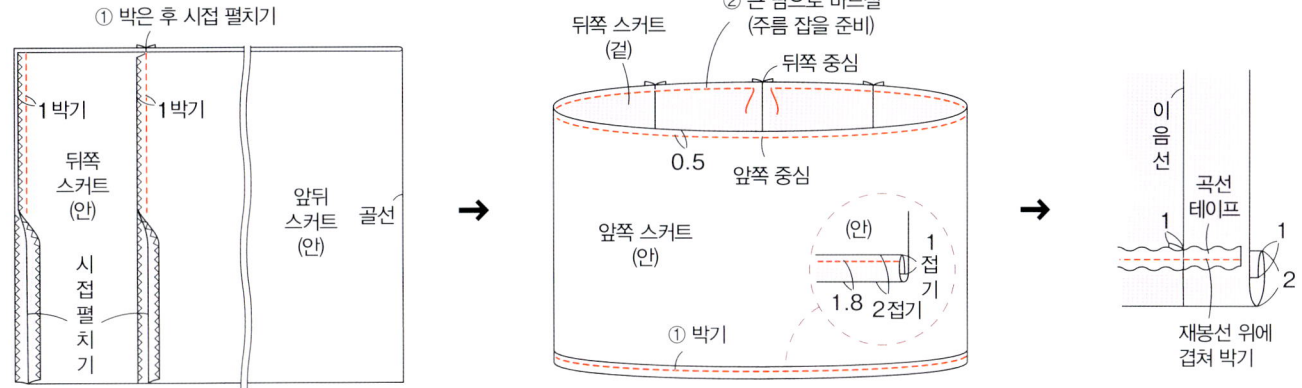

① 박은 후 시접 펼치기

1 박기   1 박기

뒤쪽 스커트 (안)

시접 펼치기

앞뒤 스커트 (안)   골선

뒤쪽 스커트 (겉)

② 큰 땀으로 바느질 (주름 잡을 준비)

뒤쪽 중심

0.5   앞쪽 중심

앞쪽 스커트 (안)

① 박기

(안)
1.8   1 접기
2 접기

이음선

곡선 테이프

1   1
2

재봉선 위에 겹쳐 박기

5 허리선을 박는다

※ 몸판과 스커트를 8등분하여 위치를 표시하는 방법은 p81 참조

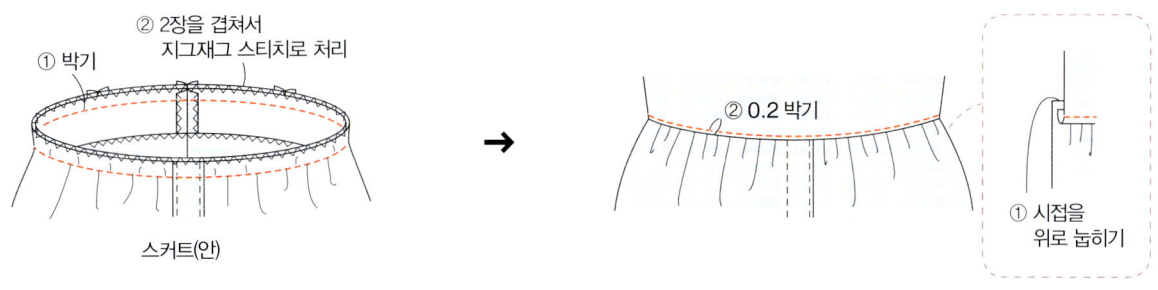

① 박기

② 2장을 겹쳐서 지그재그 스티치로 처리

스커트(안)

② 0.2 박기

① 시접을 위로 눕히기

6 단춧구멍을 만들고 단추를 단다

※ 단추 위치는 p82의 6 참조

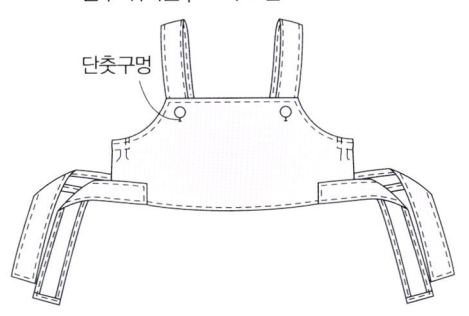

단춧구멍

7 매듭 끈을 만들어 단다

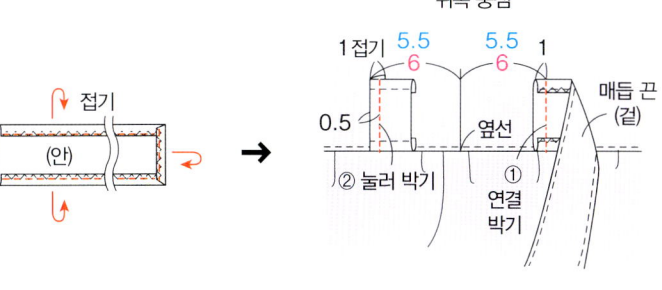

접기

(안)

뒤쪽 중심

1 접기   5.5   5.5   1
6   6

0.5   옆선   매듭 끈 (겉)

② 눌러 박기   ① 연결 박기

바느질 순서 : 둥근바닥 가방(no.31)

1 옆선과 곡선 테이프 박기
2 본체와 바닥 연결
3 손잡이 만들기
4 손잡이를 달고, 입구 박기
5 리본 만들어 달기

23
18
12.6

1 옆선과 곡선 테이프를 박는다

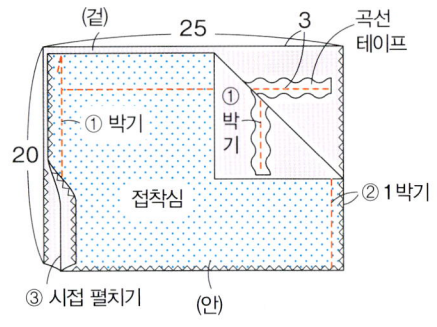

(겉)
25
3
곡선 테이프
20
① 박기
① 박기
② 1박기
접착심
③ 시접 펼치기
(안)

2 본체와 바닥을 연결한다

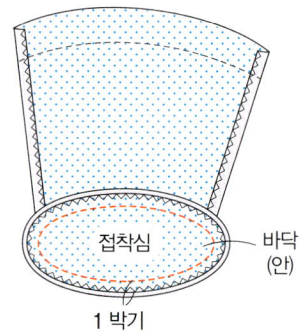

접착심
바닥 (안)
1 박기

3 손잡이를 만든다

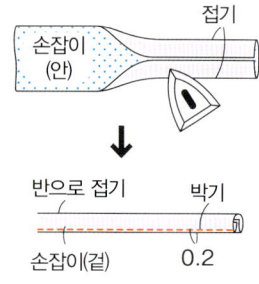

손잡이 (안)
접기
반으로 접기
손잡이(겉)
박기
0.2

4 손잡이를 끼우고 입구를 박는다

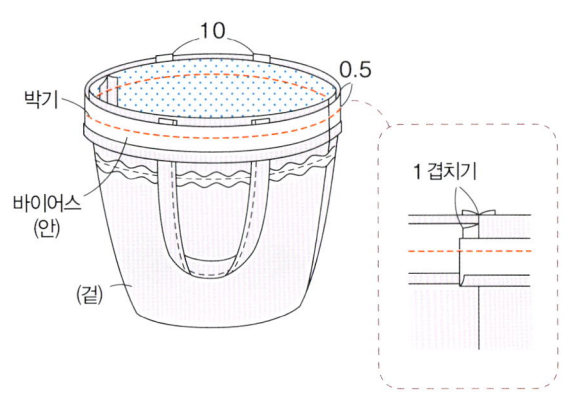

10
0.5
박기
바이어스 (안)
(겉)
1 겹치기

5 리본을 만들어 단다

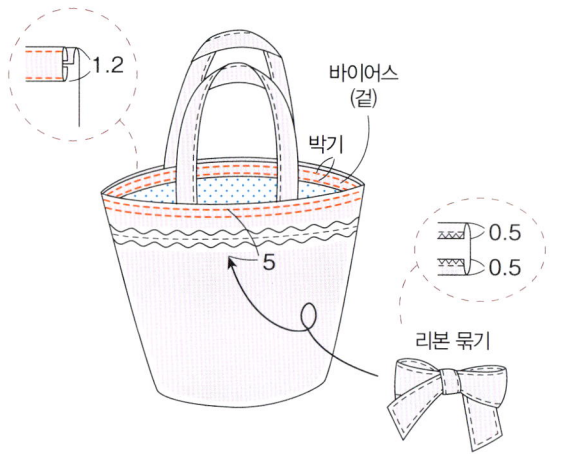

1.2
바이어스 (겉)
박기
5
0.5
0.5
리본 묶기

086

how to make 프릴 원피스 & 슈슈 p26

재료

- 원 단 : 면(폭 110cm×길이 100cm)
- 부자재 : 바이어스 테이프(폭 1.27cm×길이 130cm)
  고무밴드(폭 0.5cm×길이 20cm)
  브로치 핀 1개

일러두기

- 이 도안은 110cm 사이즈를 기준으로 작성되었습니다.
- 먼저 재단 도안의 굵은 선을 따라 자른 후, 시접 치수(❶과 같은 원숫자)만큼 들어간 안쪽에서 바느질합니다.
- 겹쳐진 숫자는 100cm / 110cm 사이즈이며, 검은색은 공통 사이즈입니다.

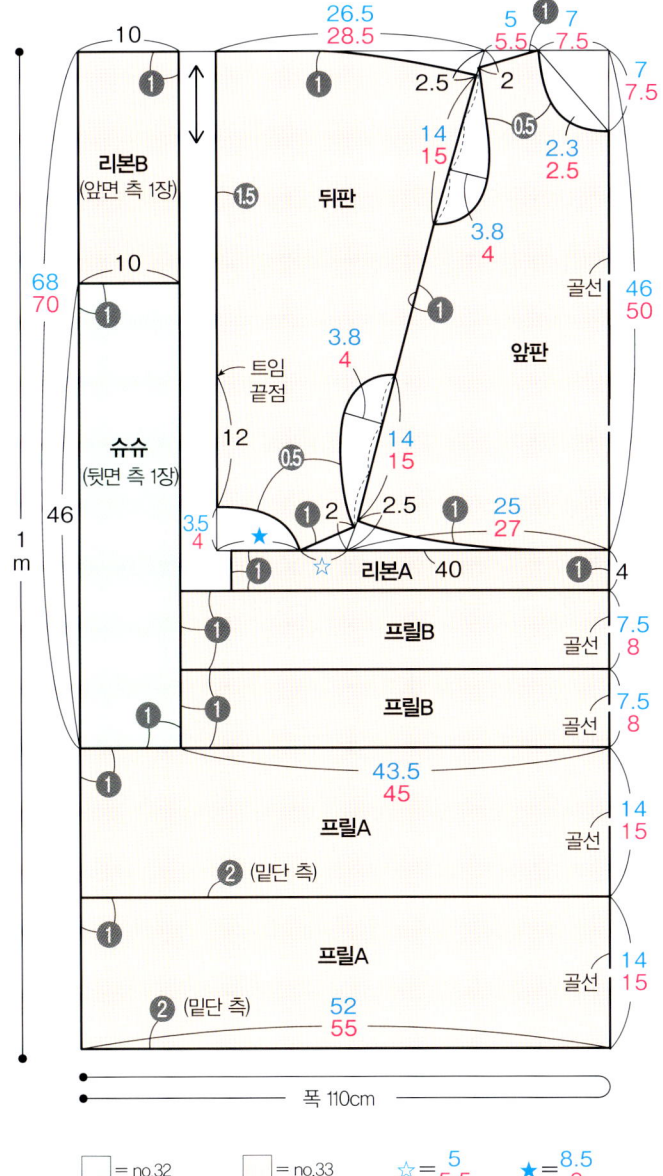

바느질 순서 : 프릴 원피스(no.33)

1 뒤판 중심선 박고 트임 만들기(p47의 1 참조)
2 어깨선 박기(p47의 3 참조)
3 목둘레 처리하기
4 리본A 만들어 달기
5 진동둘레 박기(p47의 5 참조)
6 옆선 박기(p47의 2 참조)
7 프릴을 만들어 몸판에 붙이기
8 리본B 만들어 달기

☐ = no.32   ☐ = no.33   ☆ = 5 / 5.5   ★ = 8.5 / 9

1 뒤판 중심선을 박고 트임을 만든다(p47의 1 참조)

2 어깨선을 박는다(p47의 3 참조)

3 목둘레를 처리한다

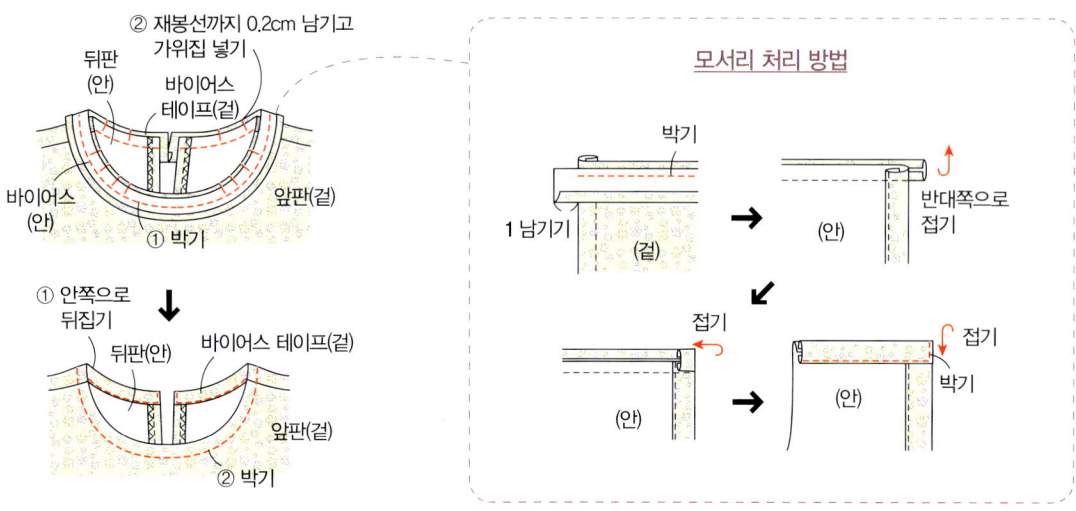

② 재봉선까지 0.2cm 남기고 가위집 넣기

뒤판(안)
바이어스 테이프(겉)
바이어스(안)
앞판(겉)
① 박기

모서리 처리 방법

박기
1 남기기
(겉)
반대쪽으로 접기
(안)

접기
(안)

접기
박기
(안)

① 안쪽으로 뒤집기
뒤판(안)
바이어스 테이프(겉)
앞판(겉)
② 박기

4 리본A를 만들어 단다

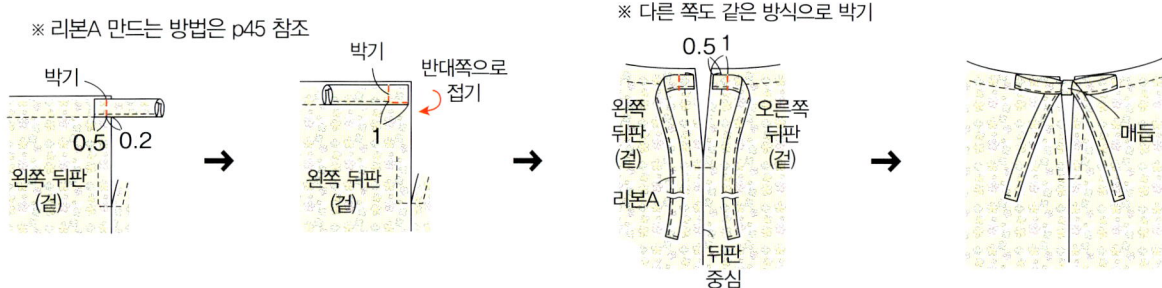

※ 리본A 만드는 방법은 p45 참조

박기
0.5 0.2
왼쪽 뒤판(겉)

박기
반대쪽으로 접기
1
왼쪽 뒤판(겉)

※ 다른 쪽도 같은 방식으로 박기
0.5 1
왼쪽 뒤판(겉)
오른쪽 뒤판(겉)
리본A
뒤판 중심

매듭

5 진동둘레를 박는다(p47의 5 참조)

6 옆선을 박는다(p47의 2 참조)

7 프릴을 만들어 몸판에 붙인다

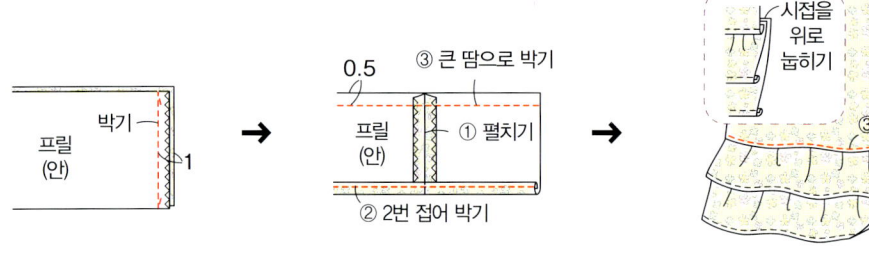
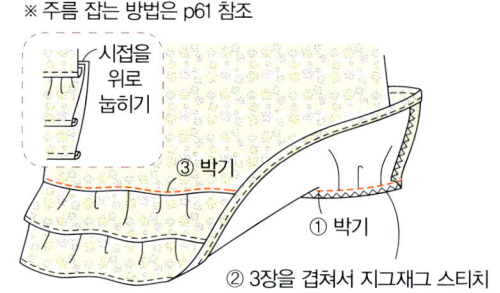

※ 주름 잡는 방법은 p61 참조

박기
프릴(안)
1

0.5
③ 큰 땀으로 박기
프릴(안)
① 펼치기
② 2번 접어 박기

시접을 위로 눕히기
③ 박기
① 박기
② 3장을 겹쳐서 지그재그 스티치

8 리본B를 만들어 단다

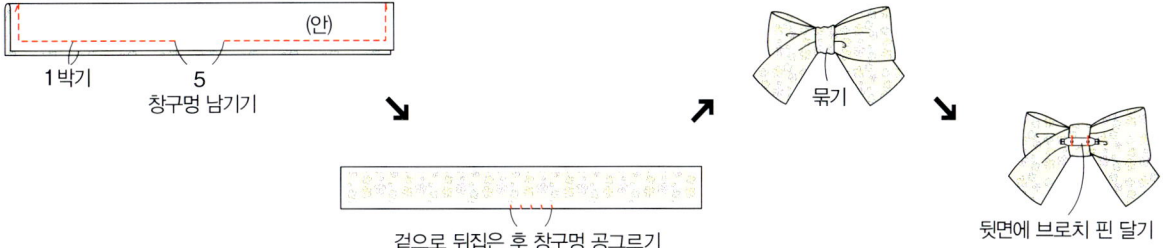

1 박기

5 창구멍 남기기

(안)

겉으로 뒤집은 후 창구멍 공그르기

묶기

뒷면에 브로치 핀 달기

🪡 바느질 순서 : 슈슈(no.32)

1 슈슈 본체를 만든다

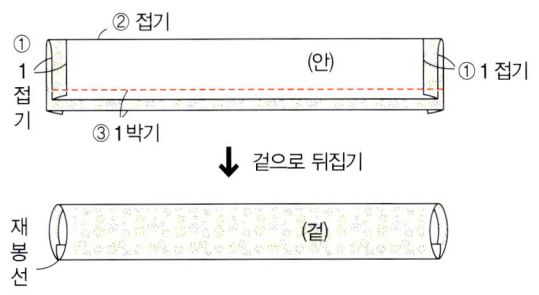

① 1 접기

② 접기

(안)

① 1 접기

③ 1 박기

겉으로 뒤집기

재봉선

(겉)

2 고무밴드를 넣어서 묶는다

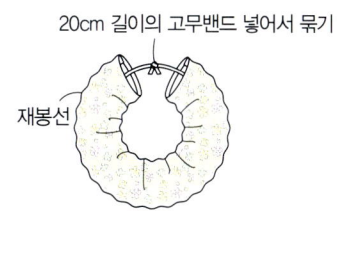

20cm 길이의 고무밴드 넣어서 묶기

재봉선

3 양쪽 끝을 맞붙여서 공그른다

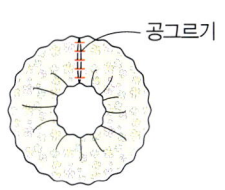

공그르기

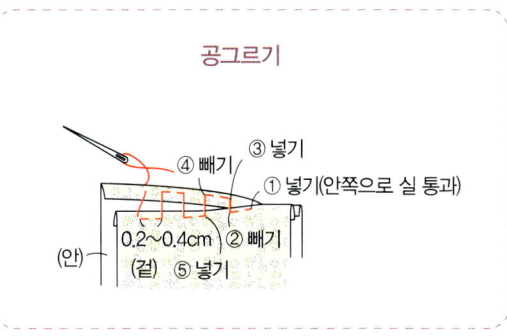

공그르기

④ 빼기

③ 넣기

① 넣기(안쪽으로 실 통과)

0.2~0.4cm

② 빼기

(안)

(겉)

⑤ 넣기

how to make 날개소매 원피스 p27

🧷 재료

- 원　단 : 60수 리플(폭 110cm×길이 100cm)
- 부자재 : 두꺼운 종이

🧷 일러두기

- 이 도안은 110cm 사이즈를 기준으로 작성되었습니다.
- 먼저 재단 도안의 굵은 선을 따라 자른 후, 시접 치수(❶과 같은 원숫자)만큼 들어간 안쪽에서 바느질합니다.
- 겹쳐진 숫자는 100cm/110cm 사이즈이며, 검은색은 공통 사이즈입니다.

🧷 바느질 순서 : 날개소매 원피스(no.34)

1 뒤판 중심선 박고 트임 만들기(p47의 1 참조)
2 주머니 만들어 달기(p94의 1 참조)
3 어깨선 박기(p47의 3 참조)
4 목둘레를 처리하고 리본A 달기(p88의 3~4 참조)
5 어깨 프릴 만들기
6 진동둘레와 옆선 박기
7 프릴을 만들어 몸판에 붙이기

목둘레 바이어스
(조각을 이어서 약 50cm의 천 1장 제작)

진동둘레 바이어스
(조각을 이어서 약 40cm의 천 2장 제작)

13 / 14
주머니 ❸
15 / 16 ❶

반지름 4cm인 원

2.4
2.4

26.5 / 28.5
☆ ❶ ☆
7 / 7.5

2.5　2
❶
0.5
2.3 / 2.5

14 / 15
뒤판
3.8 / 4

4
리본 A
7
0.5
어깨 프릴
❶
1.5
❶

35 / 37
(연결 측)

트임 끝점
★
3.8 / 4
❶
앞판
골선 46 / 50

12
0.5
14 / 15
주머니 위치
8
12

❶ ❶
❶ 2　2.5
❶
1　5.5

3.5 / 4　8.5 / 9　5 / 5.5　25 / 27

프릴
골선 14 / 15

❷ (밑단 측)

프릴
골선 14 / 15

❷ (밑단 측)
52 / 55

1 m　40

폭 110cm

☆ = 7 / 7.5　☆ = 5 / 5.5　★ = 어깨 프릴 연결 끝점

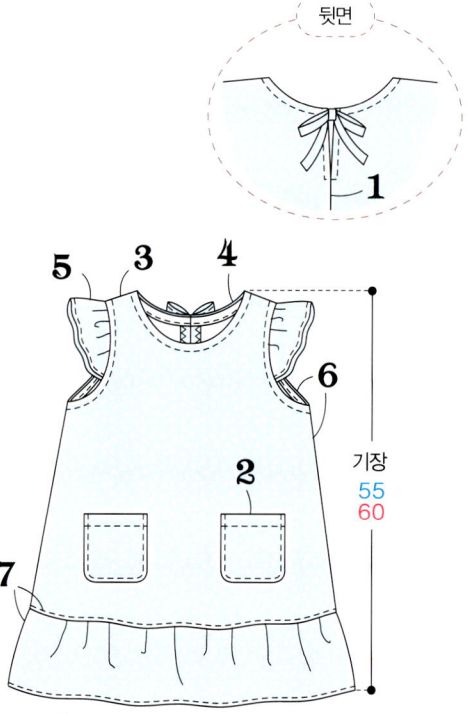

뒷면
1

5　3　4
6
2
기장 55 / 60
7

1 뒤판 중심선을 박고 트임을 만든다(p47의 1 참조)

2 주머니를 만들어 단다(p94의 1 참조)

3 어깨선을 박는다(p47의 3 참조)

4 목둘레를 처리하고 리본A를 단다(p88의 3~4 참조)

5 어깨 프릴을 만든다

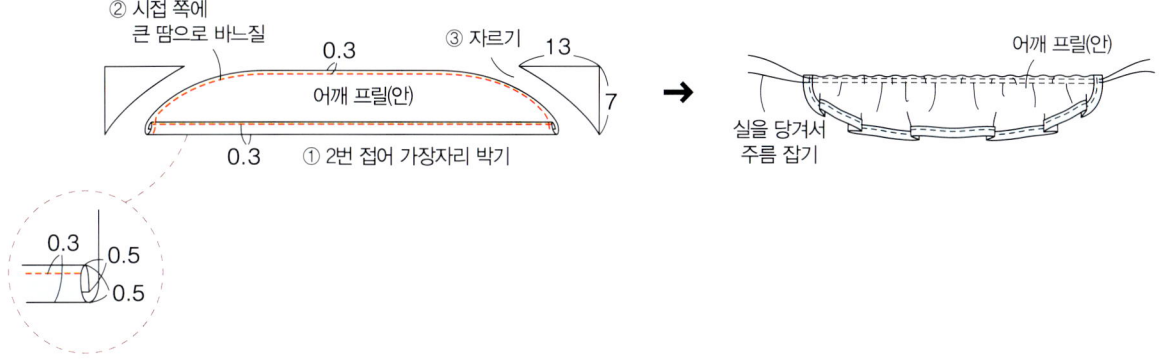

6 진동둘레와 옆선을 박는다

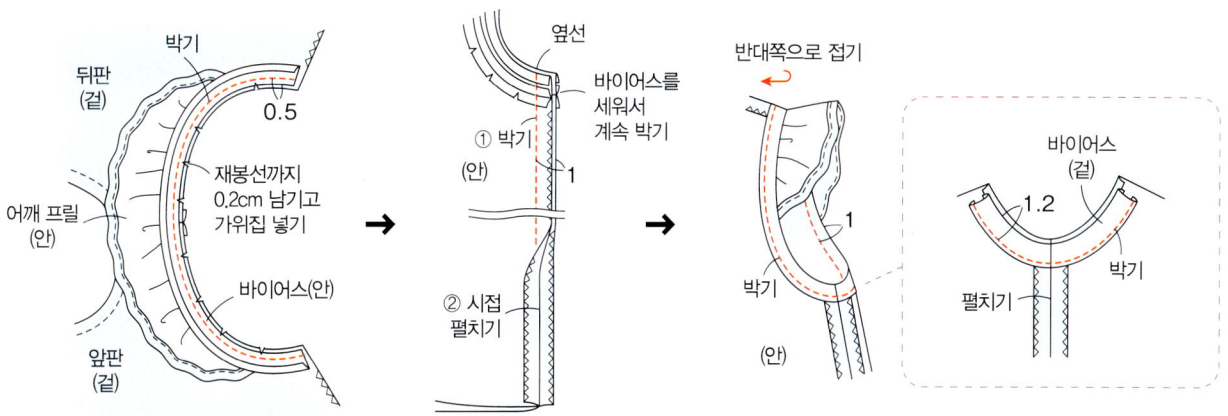

7 프릴을 만들어 몸판에 붙인다

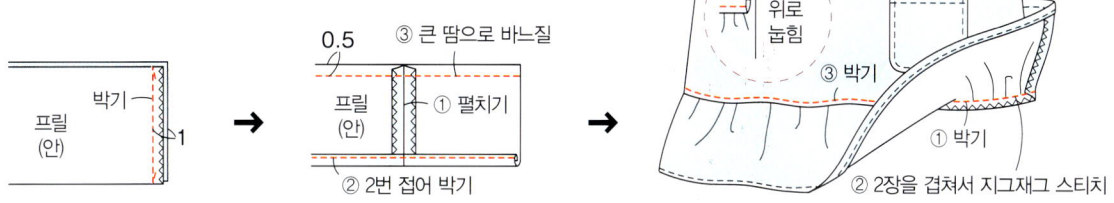

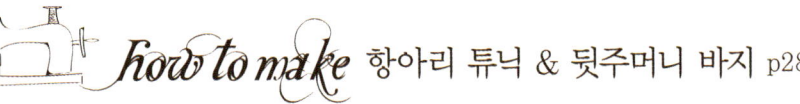

🧵 재료

- 원 단 : 면마 캔버스(폭 110cm×길이 100cm)
- 부자재 : 바이어스 테이프(폭 1.27cm×길이 130cm)
  고무밴드(폭 1.5cm×길이 50cm)
  둥근 끈(굵기 0.3cm×길이 160cm)
  단추 1개(지름 1cm)
  두꺼운 종이

🧵 일러두기

- 이 도안은 110cm 사이즈를 기준으로 작성되었습니다.
- 먼저 재단 도안의 굵은 선을 따라 자른 후, 시접 치수(❶)과 같은 원숫자만큼 들어간 안쪽을 바느질합니다.
- 겹쳐진 숫자는 100cm/110cm 사이즈이며, 검은색은 공통 사이즈입니다.

🧵 실물 크기의 원 패턴

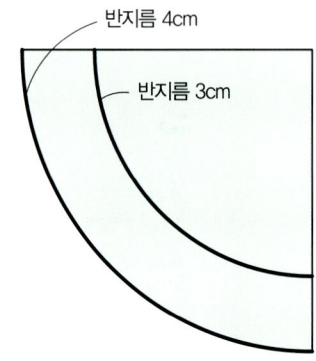

반지름 4cm

반지름 3cm

🧵 바느질 순서 : 항아리 튜닉(no.35)

1 뒤판 중심선을 박고 트임 만들기
2 옆선 박기
3 어깨선 박기
4 목둘레 박기
5 진동둘레 박기
6 밑단 박기
7 끈 넣기
8 단추 달기

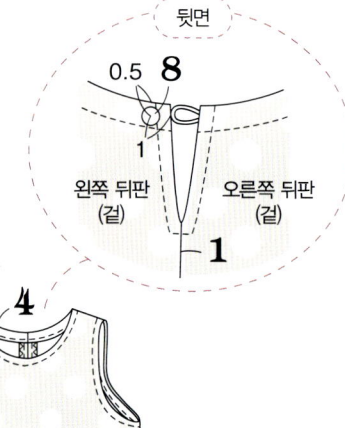

뒷면

0.5 **8**

왼쪽 뒤판 (겉)   오른쪽 뒤판 (겉)

1

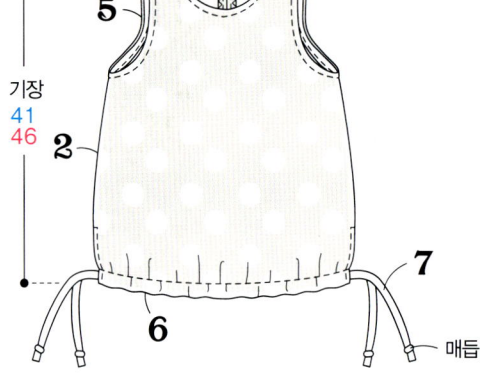

기장
41
46

재단 도안 (왼쪽)

25

13
14

주머니
반지름
4cm인 원

15
16

실물 크기의
원 패턴 참조

3.5
4

1 2
0.5

14
15

12

트임
끝점

3.8
4

46
50

뒤판

1.5

7
7.5

2 1
0.5

14
15

2.3
2.5

3.8
4

46
50

앞판 골선

박음질
끝점

2.5

26.5
28.5   3   8   8   25
27   3

8.5
9

20
21   3 2.5

10

5

26
27

1 주머니 다는 위치

바지 뒤판

1

2
6

6.5
7

11
12

1

4

22
23   밑단

3

시접

20
21   3 2.5

1

바지 앞판

1

2
6

3.5
4

18
19   밑단

3.5
4

26
27

11
12

4

3

시접

폭 110cm

■ = no.35   ■ = no.36   ★ = 8/8.5   ★ = 5/5.5   ☆ = 7/7.5

1 뒤판 중심선을 박고 트임을 만든다

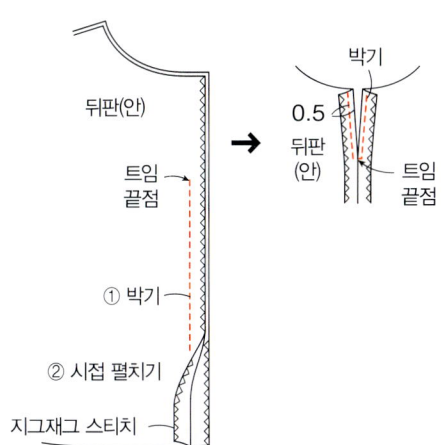

뒤판(안)

트임
끝점

① 박기

② 시접 펼치기

지그재그 스티치

박기

0.5

뒤판
(안)

트임
끝점

2 옆선을 박는다

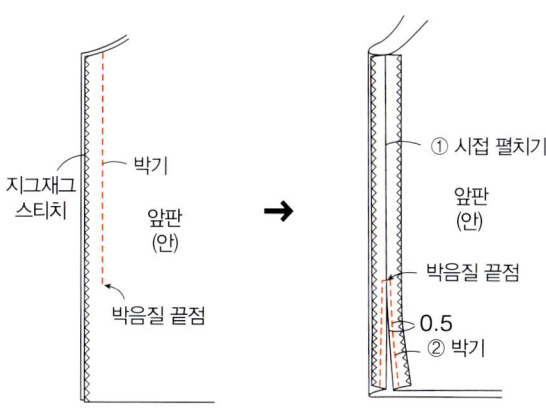

지그재그
스티치

박기

앞판
(안)

박음질 끝점

① 시접 펼치기

앞판
(안)

박음질 끝점

0.5

② 박기

3 어깨선을 박는다

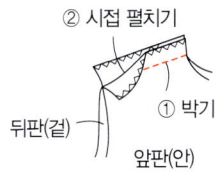

② 시접 펼치기

뒤판(겉)

① 박기

앞판(안)

4 목둘레를 박는다

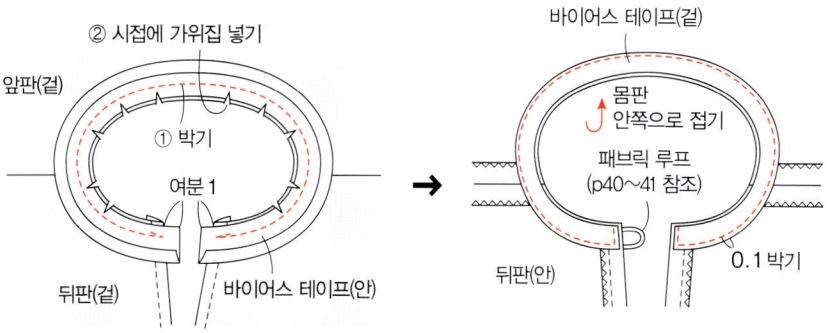

② 시접에 가위집 넣기

앞판(겉)

① 박기

여분 1

뒤판(겉)

바이어스 테이프(안)

바이어스 테이프(겉)

몸판
안쪽으로 접기

패브릭 루프
(p40~41 참조)

뒤판(안)

0.1 박기

5 진동둘레를 박는다

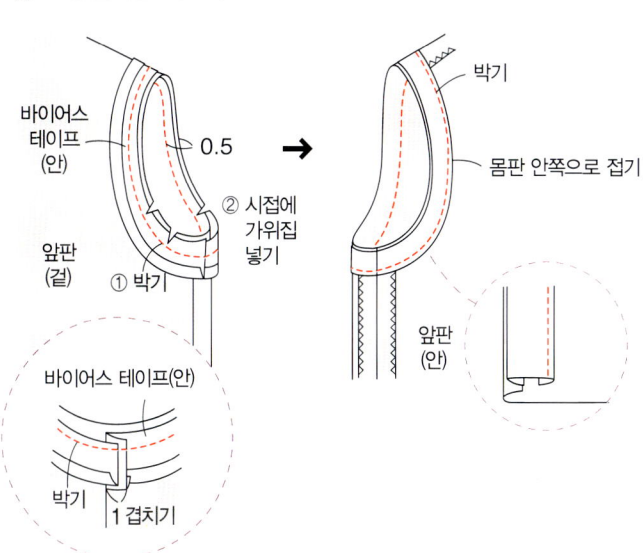

바이어스
테이프
(안)

0.5

앞판
(겉)

② 시접에
가위집
넣기

① 박기

박기

몸판 안쪽으로 접기

앞판
(안)

바이어스 테이프(안)

박기

1 겹치기

6 밑단을 박는다

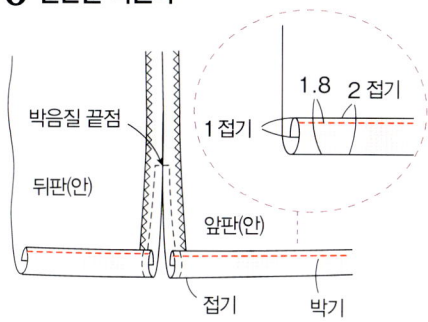

박음질 끝점

뒤판(안)

앞판(안)

접기

박기

1.8   2 접기

1 접기

7 끈을 넣는다

※ 80cm 길이의 끈 2줄

8 단추를 단다

093

🧵 바느질 순서 : 뒷주머니 바지(no.36)

1 주머니 만들어 달기
2 옆선, 밑아래선, 밑단 박기
3 밑위선 박기
4 허리선을 접어 박고 고무밴드 넣기

☆ = $\frac{48}{50}$ cm 길이의 고무밴드 넣기
(시접 2cm 포함, 1줄)

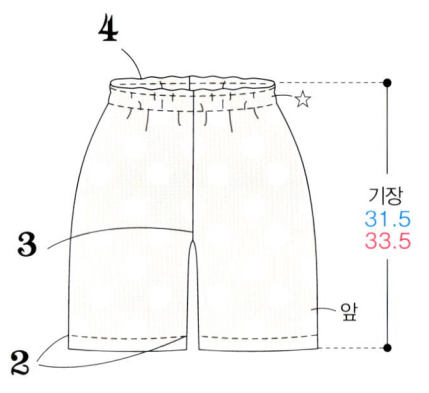
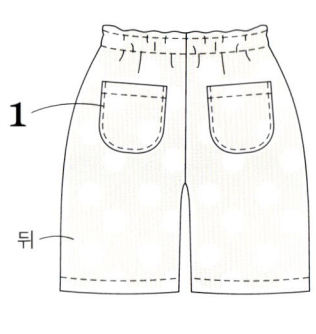

4

기장
31.5
33.5

3
앞
2

1
뒤

---

1 주머니를 만들어 단다

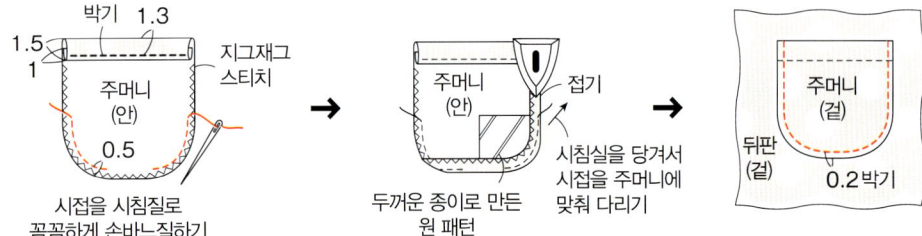

박기 1.3
1.5
1
주머니
(안)
0.5
지그재그
스티치

시접을 시침질로
꼼꼼하게 손바느질하기

주머니
(안)
접기
시침실을 당겨서
시접을 주머니에
맞춰 다리기

두꺼운 종이로 만든
원 패턴

주머니
(겉)
뒤판
(겉)
0.2박기

---

2 옆선, 밑아래선, 밑단을 박는다

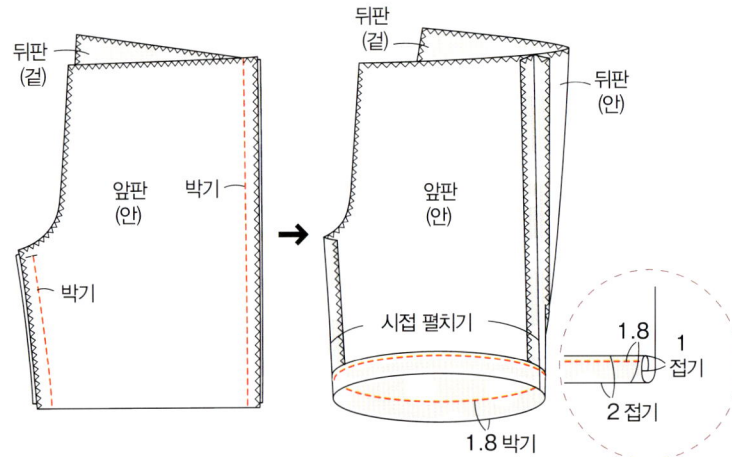

뒤판
(겉)
앞판
(안)
박기
박기

뒤판
(겉)
뒤판
(안)
앞판
(안)
시접 펼치기

1.8
2 접기
1
접기

1.8 박기

4 허리선을 접어 박고 고무밴드를 넣는다

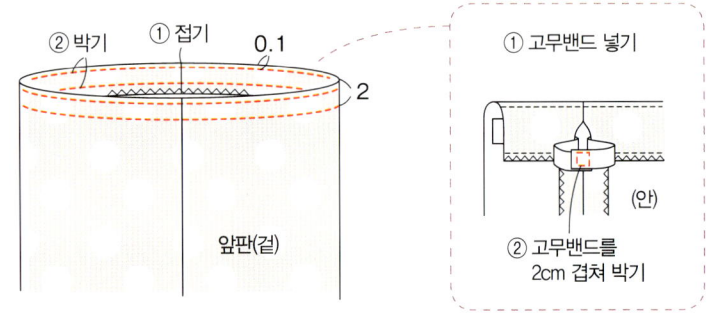

② 박기 ① 접기 0.1
2

앞판(겉)

① 고무밴드 넣기

(안)

② 고무밴드를
2cm 겹쳐 박기

---

3 밑위선을 박는다

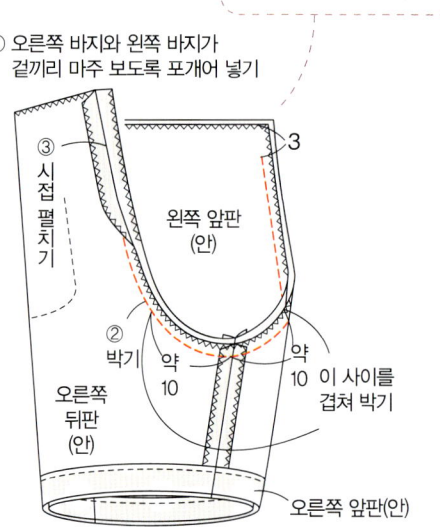

고무밴드 3
넣을 입구
(안)

① 오른쪽 바지와 왼쪽 바지가
겉끼리 마주 보도록 포개어 넣기

③
시접
펼치기
② 박기

왼쪽 앞판
(안)

3

약 10
약 10 이 사이를
겹쳐 박기

오른쪽
뒤판
(안)

오른쪽 앞판(안)

how to make 레이스 칼라 블라우스 & 리본 스커트 & 엄마 슈슈 p29

재료

- 원 단 : 선염 무지(폭 108cm×길이 100cm)
- 부자재 : 자수 레이스(폭 2cm×길이 70cm)
  바이어스 테이프(폭 1.27cm×길이 120cm)
  고무밴드(폭 0.6cm×길이 120cm)
  단추 3개(지름 1cm)

일러두기

- 이 도안은 110cm 사이즈를 기준으로 작성되었습니다.
- 먼저 재단 도안의 굵은 선을 따라 자른 후, 시접 치수(❶과 같은 원숫자)만큼 들어간 안쪽을 바느질합니다.
- 겹쳐진 숫자는 100cm/110cm 사이즈이며, 검은색은 공통 사이즈입니다.

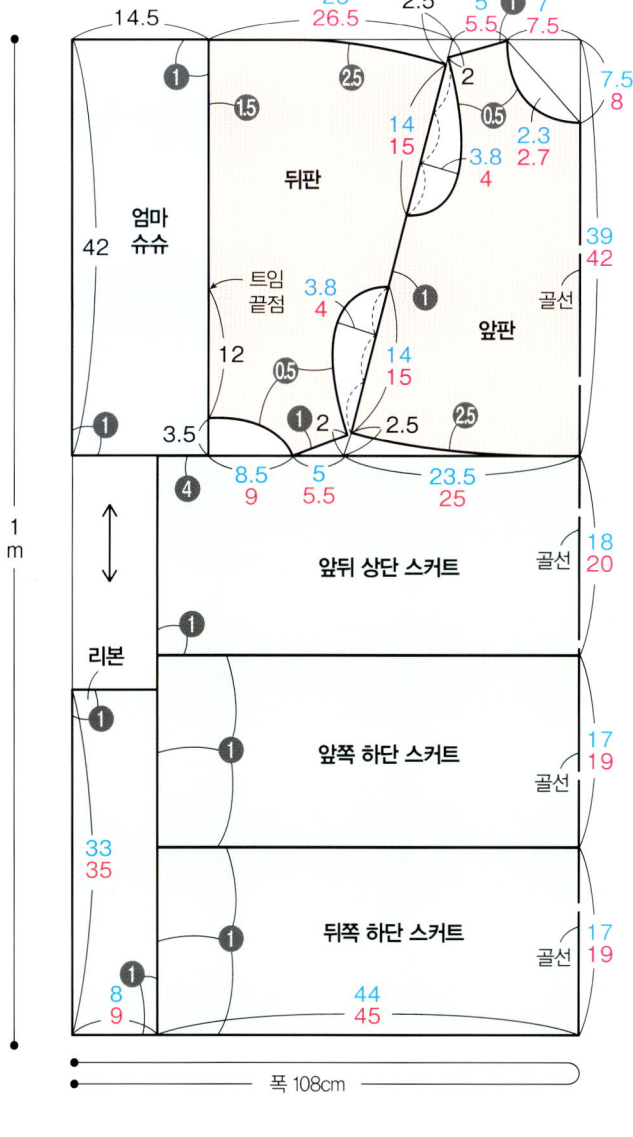

바느질 순서 : 레이스 칼라 블라우스(no.38)

1. 뒤판 중심선을 박고 트임 만들기(p93의 1 참조)
2. 옆선 박기(p93의 2 참조)
3. 어깨선 박기(p93의 3 참조)
4. 목둘레 박기
5. 레이스, 단추 달기
6. 진동둘레 박기
7. 밑단 박기(p47의 6 참조)
8. 단추 달기

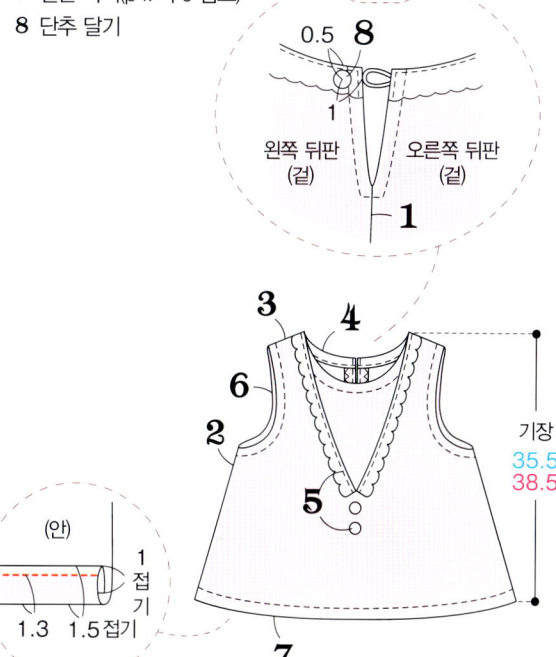

1 뒤판 중심선을 박고 트임을 만든다

2 옆선을 박는다 p93의 1~3 참조

3 어깨선을 박는다

4 목둘레를 박는다

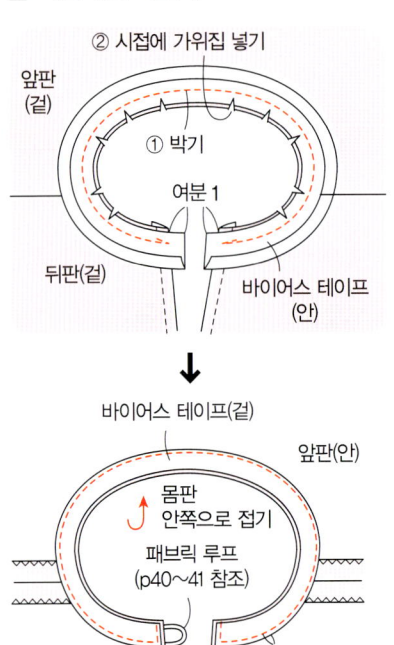

② 시접에 가위집 넣기

앞판
(겉)

① 박기

여분 1

뒤판(겉)

바이어스 테이프
(안)

바이어스 테이프(겉)

앞판(안)

몸판
안쪽으로 접기

패브릭 루프
(p40~41 참조)

뒤판(안)

0.1 박기

5 레이스와 단추를 단다

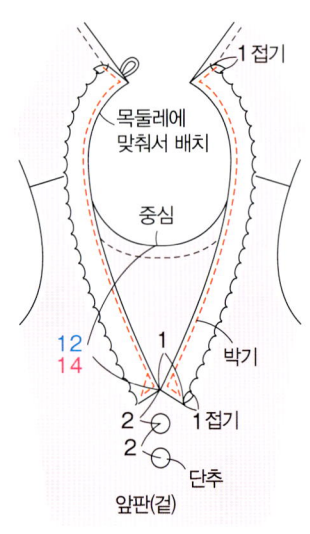

1 접기

목둘레에
맞춰서 배치

중심

12
14

1

박기

2

2

1 접기

단추

앞판(겉)

6 진동둘레를 박는다

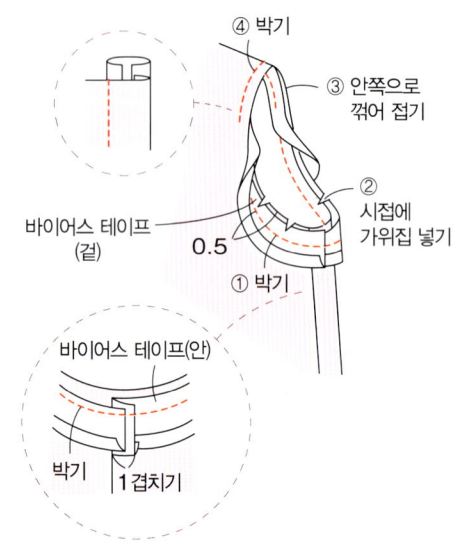

④ 박기

③ 안쪽으로
꺾어 접기

바이어스 테이프
(겉)

0.5

② 시접에
가위집 넣기

① 박기

바이어스 테이프(안)

박기

1 겹치기

7 밑단을 박는다(p47의 6 참조)

8 단추를 단다

🧵 바느질 순서 : 엄마 슈슈(no.37)

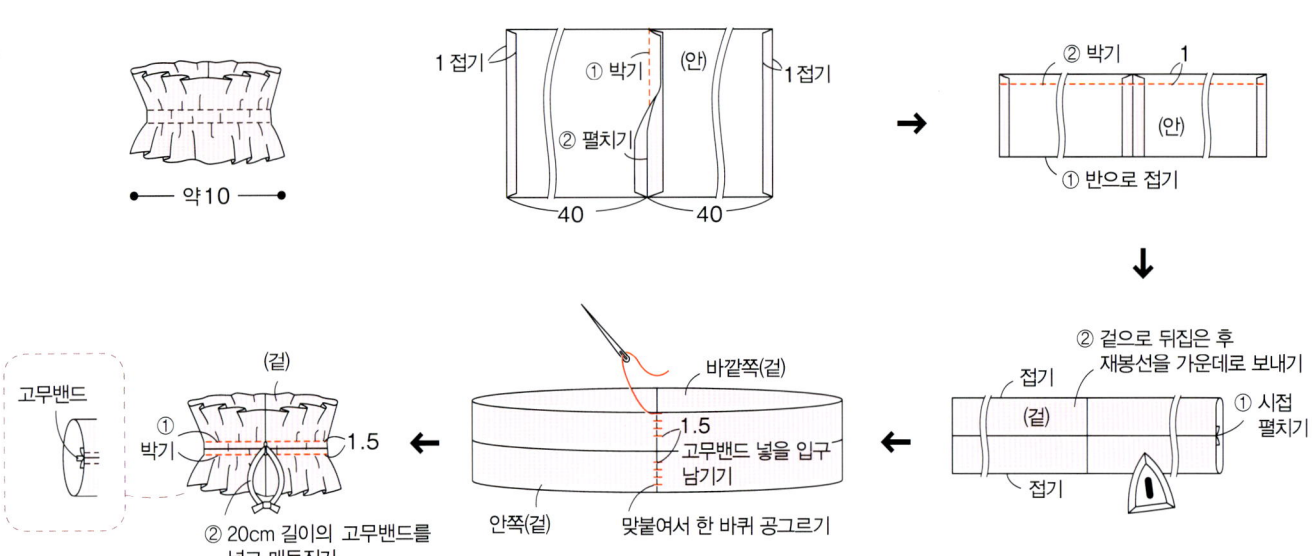

약10

1 접기

① 박기

(안)

② 펼치기

1 접기

40   40

② 박기   1

(안)

① 반으로 접기

② 겉으로 뒤집은 후
재봉선을 가운데로 보내기

접기

(겉)

① 시접
펼치기

접기

바깥쪽(겉)

1.5
고무밴드 넣을 입구
남기기

안쪽(겉)

맞붙여서 한 바퀴 공그르기

고무밴드

①
박기

1.5

② 20cm 길이의 고무밴드를
넣고 매듭짓기

(겉)

🧵 바느질 순서 : 리본 스커트(no.39)

1 상단 스커트 만들기
2 하단 스커트 만들기
3 상단 스커트와 하단 스커트 연결
4 허리선을 접어 박고 고무밴드 넣기
5 리본 만들어 달기

☆ = 48 / 50 cm 길이의 고무밴드 넣기
　　 (시접 2cm 포함, 2줄)

기장
28
32

---

1 상단 스커트를 만든다

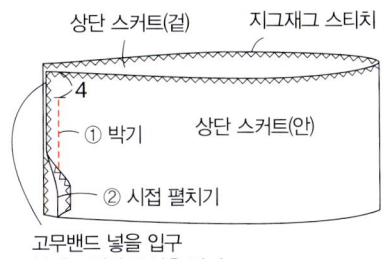

상단 스커트(겉)　지그재그 스티치
4
① 박기
② 시접 펼치기
상단 스커트(안)
고무밴드 넣을 입구
남기고 뒤판 중심을 박기

2 하단 스커트를 만든다

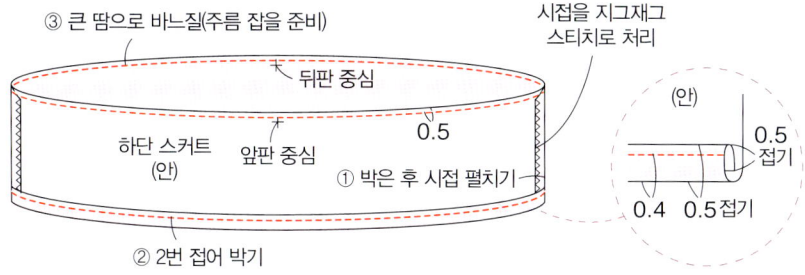

③ 큰 땀으로 바느질(주름 잡을 준비)
뒤판 중심
하단 스커트 (안)
앞판 중심
① 박은 후 시접 펼치기
② 2번 접어 박기
시접을 지그재그 스티치로 처리
0.5
(안)
0.5 접기
0.4　0.5 접기

---

3 상단 스커트와 하단 스커트를 연결한다

※주름 잡는 방법은 p61 참조

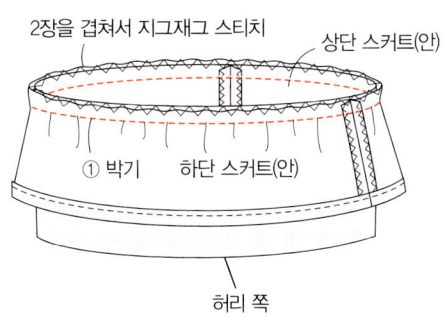

2장을 겹쳐서 지그재그 스티치　상단 스커트(안)
① 박기　하단 스커트(안)
허리 쪽

4 허리선을 접어 박고 고무밴드를 넣는다

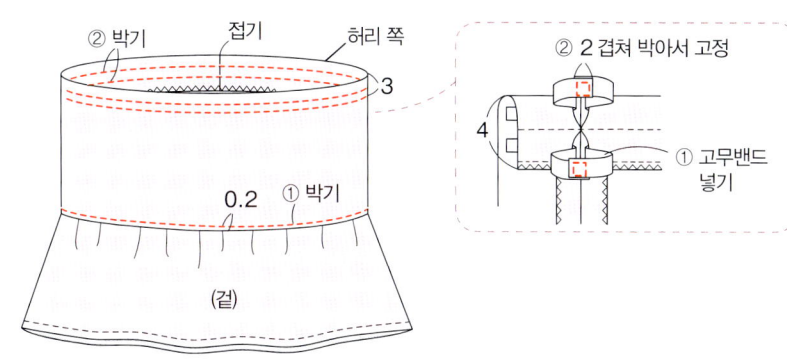

② 박기　접기　허리 쪽
3
0.2　① 박기
(겉)
② 2 겹쳐 박아서 고정
4
① 고무밴드 넣기

---

5 리본을 만들어 단다

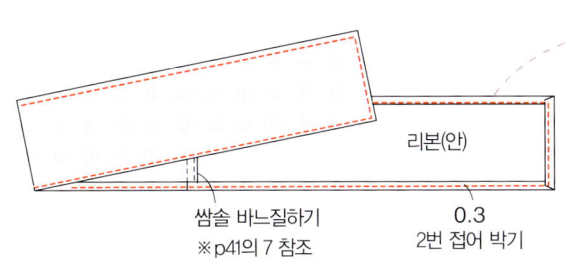

리본(안)
쌈솔 바느질하기
※p41의 7 참조
0.3
2번 접어 박기

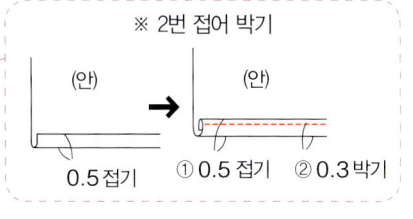

※ 2번 접어 박기
(안)　　(안)
0.5 접기　① 0.5 접기　② 0.3 박기

리본을 묶어서 달기

재료

- 원 단 : 면마 캔버스(폭 110cm×길이 100cm)
- 부자재 : 크라운용 얇은 접착심(폭 112cm×길이 20cm)
  브림용 두꺼운 접착심(폭 45cm길이 40cm)
  리본 테이프(폭 1cm×길이 100cm)
  고무밴드(폭 0.7cm×길이 100cm)

일러두기

- 이 도안은 110cm 사이즈를 기준으로 작성되었습니다.
- 먼저 재단 도안의 굵은 선을 따라 자른 후, 시접 치수①과 같은 원숫자만큼 들어간 안쪽을 바느질합니다.
- 겹쳐진 숫자는 100cm/110cm 사이즈이며, 검은색은 공통 사이즈입니다.
- no.40의 실물 크기 패턴은 p101에 실려 있습니다.
- no.41은 오른쪽에서부터 도안을 그려 재단합니다.

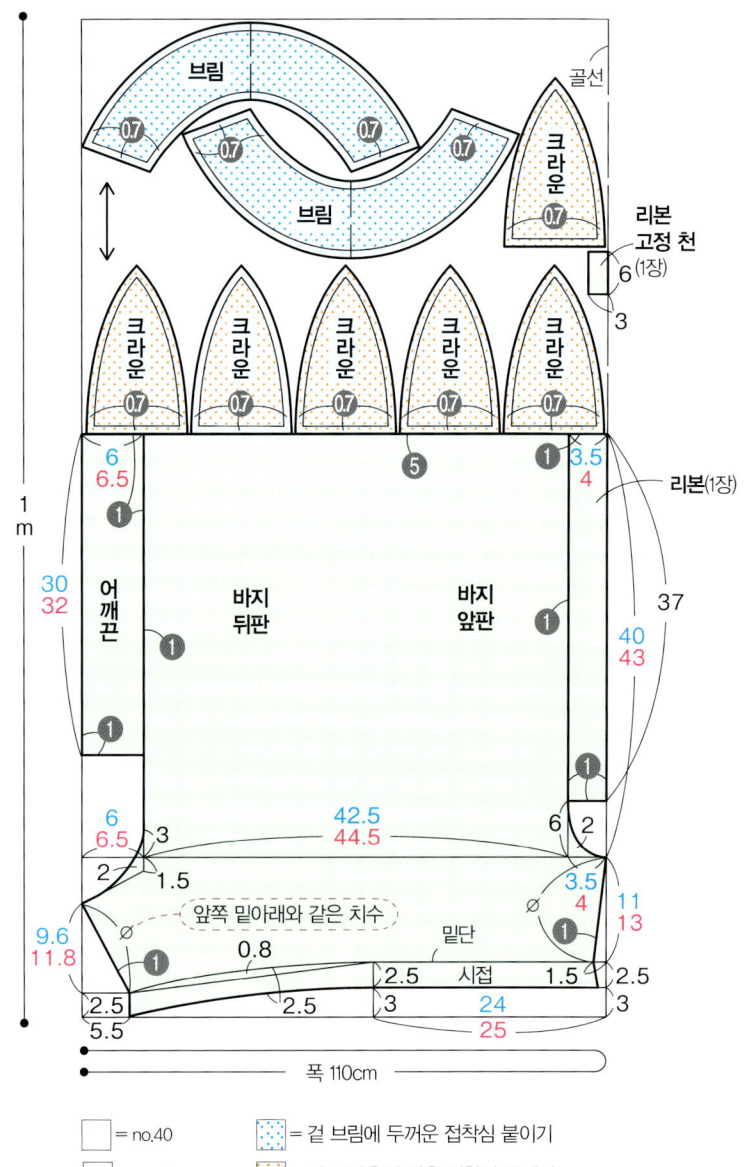

바느질 순서 : 콩비네종(no.41)

1 밑아래선 박기
2 밑단 박기
3 밑위선 박기
4 위쪽 접어 박기
5 어깨끈 만들어 달기
6 고무밴드 넣기
7 리본 만들어 달기

☆ = 48/50 cm 길이의 고무밴드 넣기
(시접 2cm 포함, 2줄)

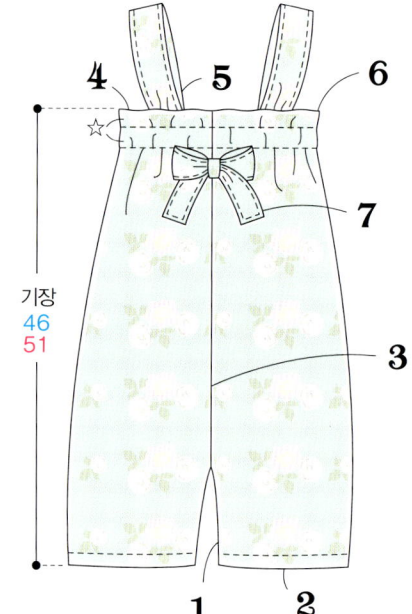

☐ = no.40
☐ = no.41
▨ = 겉 브림에 두꺼운 접착심 붙이기
▨ = 겉 크라운에 얇은 접착심 붙이기

1 밑아래선을 박는다

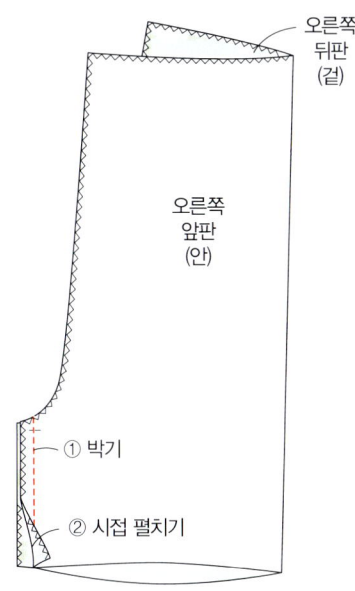

오른쪽
뒤판
(겉)

오른쪽
앞판
(안)

① 박기

② 시접 펼치기

2 밑단을 박는다

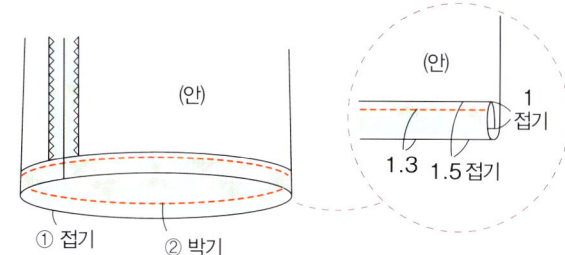

(안)

① 접기 ② 박기

(안)

1 접기

1.3 1.5 접기

3 밑위선을 박는다

① 좌우 바지를 겹치기

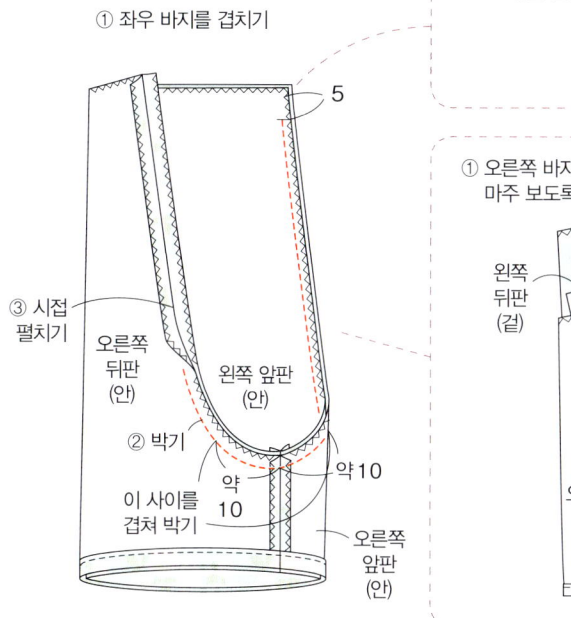

고무밴드를 5
넣을 입구

① 오른쪽 바지와 왼쪽 바지가 겉끼리
마주 보도록 포개어 넣기

왼쪽
뒤판
(겉)

오른쪽
뒤판
(안)

③ 시접
펼치기

오른쪽
뒤판
(안)

왼쪽 앞판
(안)

② 박기

약 10

약
10

이 사이를
겹쳐 박기

오른쪽
앞판
(안)

5

4 위쪽을 접어 박는다

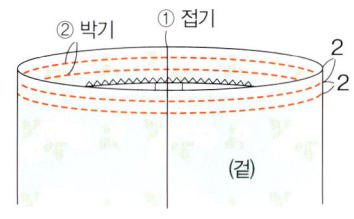

② 박기 ① 접기

2
2

(겉)

5 어깨끈을 만들어 단다

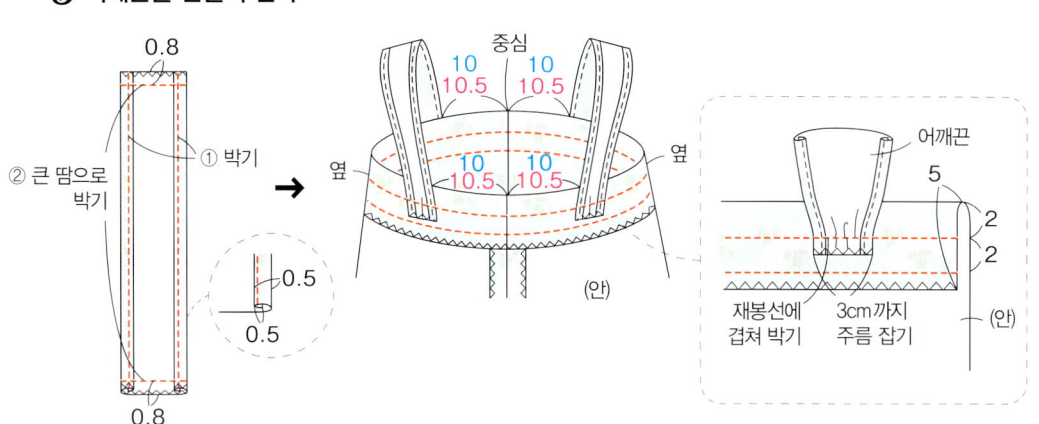

0.8

① 박기

② 큰 땀으로
박기

0.8

0.5

0.5

중심

10 10
10.5 10.5

옆

10 10
10.5 10.5

옆

(안)

어깨끈

5

2
2

재봉선에
겹쳐 박기

3cm까지
주름 잡기

(안)

6 고무밴드를 넣는다

고무밴드를 넣고,
2cm 겹쳐 박아 고정하기

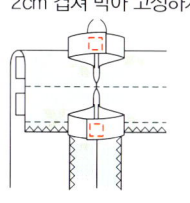

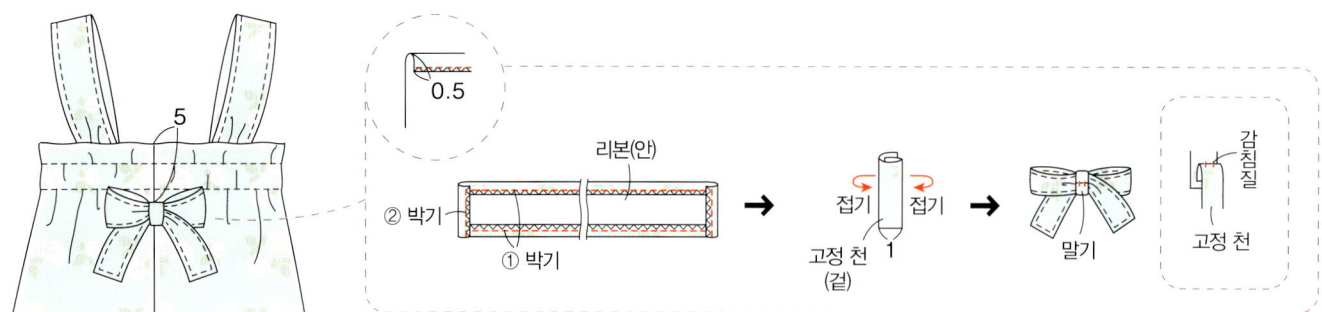

7 리본을 만들어 단다

0.5

② 박기 / 리본(안) / ① 박기

접기 접기 / 고정 천(겉) / 말기

감침질 / 고정 천

🧵 **바느질 순서 : 클로슈(no.40)**

1 겉 크라운 만들기
2 브림의 옆선 박기
3 브림의 바깥쪽 테두리 박기
4 겉 크라운과 브림 연결
5 속 크라운 붙이고 테이프 달기

1
4·5
2
3

머리 둘레=54cm

1 겉 크라운을 만든다

※ 속 크라운도 같은 방식으로 제작
※ 속 크라운에는 접착심을 붙이지 않음

시접 펼치기 / 박기 / 크라운(안)

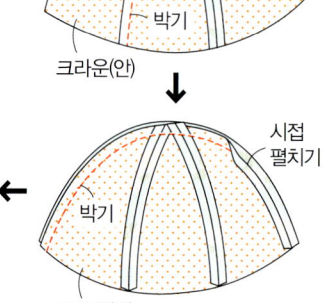

(겉) / 시접 펼치기 / 박기 / 크라운(안)

---

2 브림의 옆선을 박는다

※ 속 브림도 같은 방식으로 제작
※ 속 브림에는 접착심을 붙이지 않음

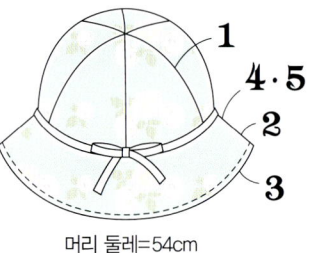

① 박기 / 박기 / 접착심
② 시접 펼치기 / (겉)
겉 브림(안)

3 브림의 바깥쪽 테두리를 박는다

속 브림(안) / 겉으로 뒤집기
속 브림(겉)
박기 / 겉 브림(안) / 박기 / 0.8 / 겉 브림(겉)

---

4 겉 크라운과 브림을 연결한다

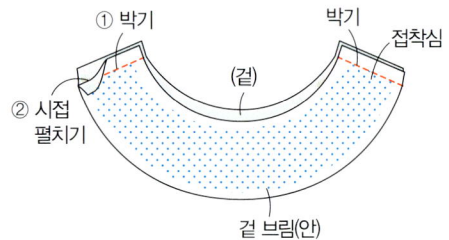

① 박기 / ② 시접에 가위집 넣기
속 브림(겉)

5 속 크라운을 붙이고 테이프를 단다

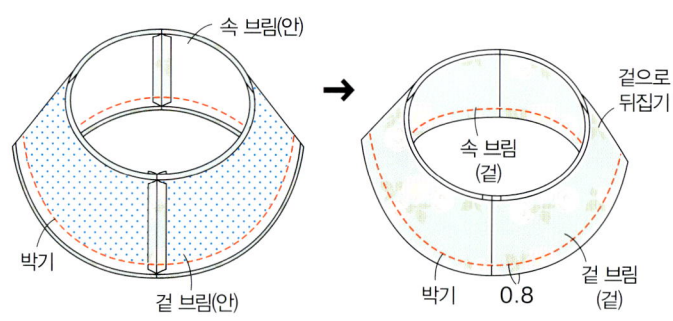

③ 몇 군데 감침질
② 테이프를 한 바퀴 두른 뒤 리본 모양으로 묶기
0.5 / 박기
① 속 크라운의 시접을 접은 후 공그르기

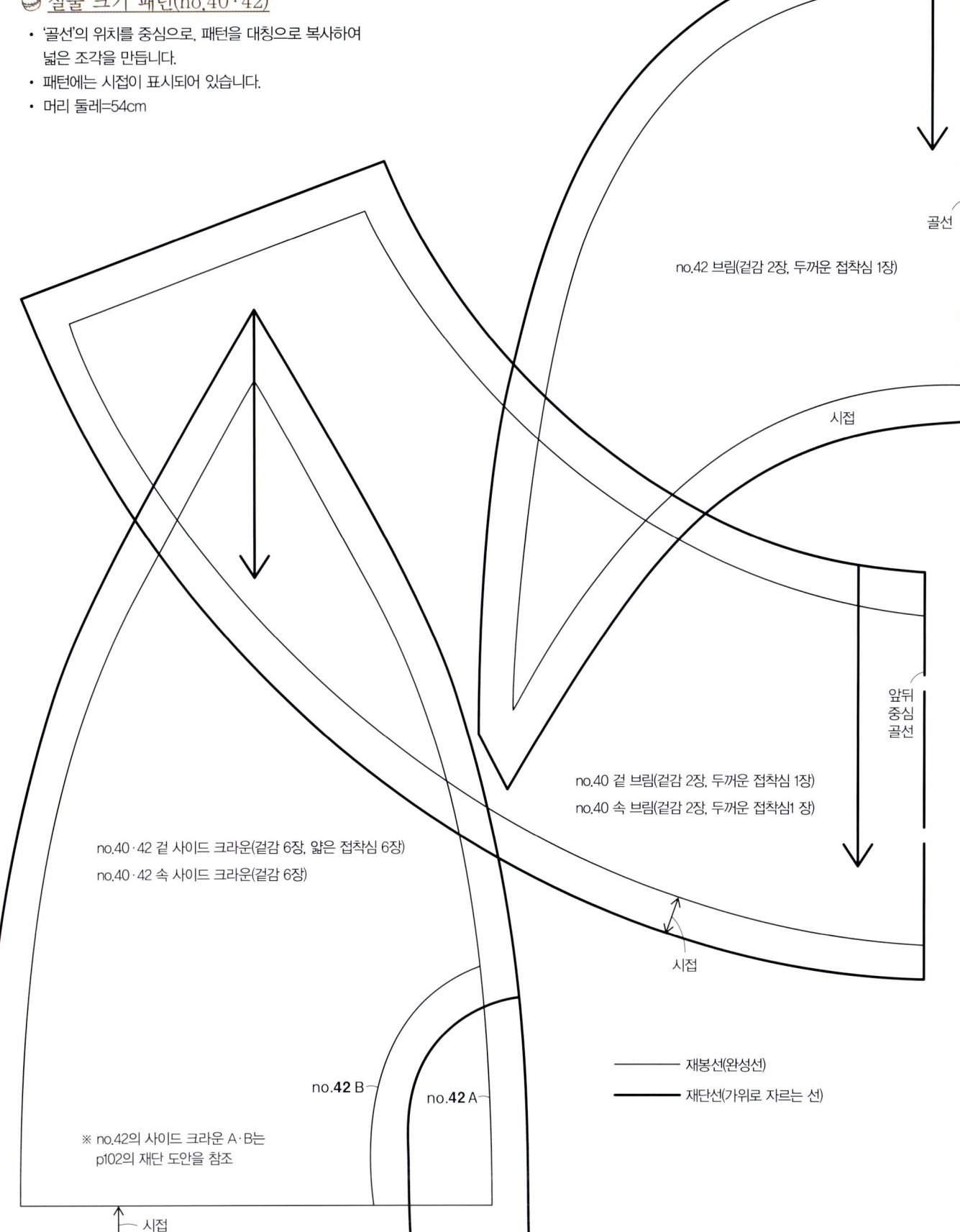

🎩 실물 크기 패턴(no.40·42)

- '골선'의 위치를 중심으로, 패턴을 대칭으로 복사하여
  넓은 조각을 만듭니다.
- 패턴에는 시접이 표시되어 있습니다.
- 머리 둘레=54cm

골선

no.42 브림(겉감 2장, 두꺼운 접착심 1장)

시접

앞뒤
중심
골선

no.40 겉 브림(겉감 2장, 두꺼운 접착심 1장)

no.40 속 브림(겉감 2장, 두꺼운 접착심1 장)

no.40·42 겉 사이드 크라운(겉감 6장, 얇은 접착심 6장)

no.40·42 속 사이드 크라운(겉감 6장)

시접

no.**42** B

no.**42** A

※ no.42의 사이드 크라운 A·B는
　p102의 재단 도안을 참조

시접

―――― 재봉선(완성선)

━━━━ 재단선(가위로 자르는 선)

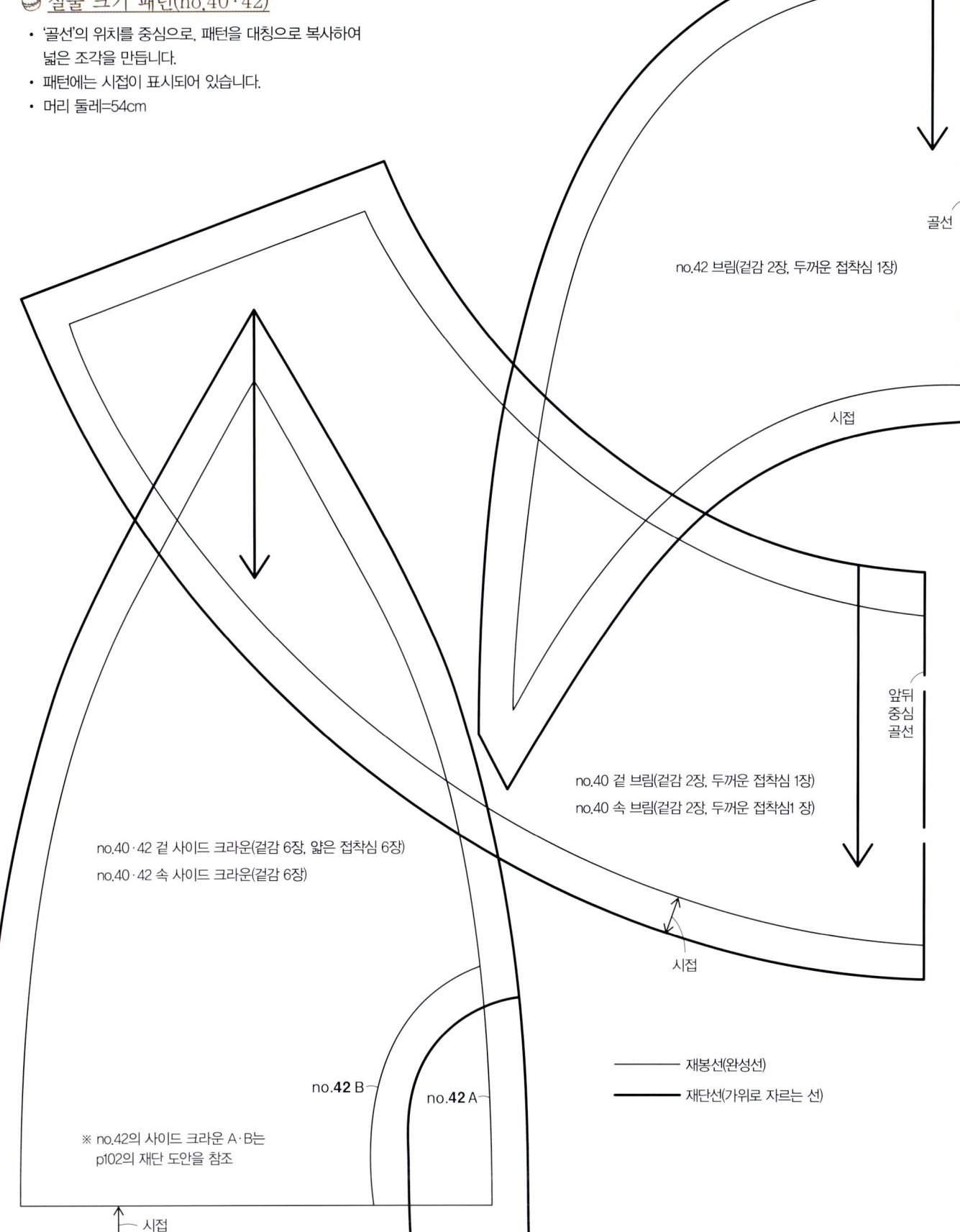

🧵 재료

- 원　단 : 면마 혼방(폭 110cm×길이 100cm)
- 부자재 : 플랩, 크라운용 얇은 접착심(폭 112cm×길이 20cm)
　　　　　브림용 두꺼운 접착심(폭 45cm×길이 40cm)
　　　　　바지용 고무밴드A(폭 0.5cm×길이 100cm)
　　　　　캡용 고무밴드B(폭 1.5cm×길이 10cm)
　　　　　캡용 골직 리본(폭 1.5cm×길이 60cm)

🧵 일러두기

- 이 도안은 110cm 사이즈를 기준으로 작성되었습니다.
- 먼저 재단 도안의 굵은 선을 따라 자른 후, 시접 치수(❶과 같은 원숫자)만큼 들어간 안쪽에서 바느질합니다.
- 겹쳐진 숫자는 100cm/110cm 사이즈이며, 검은색은 공통 사이즈입니다.
- no.42의 실물 크기 패턴은 p101에 실려 있습니다.

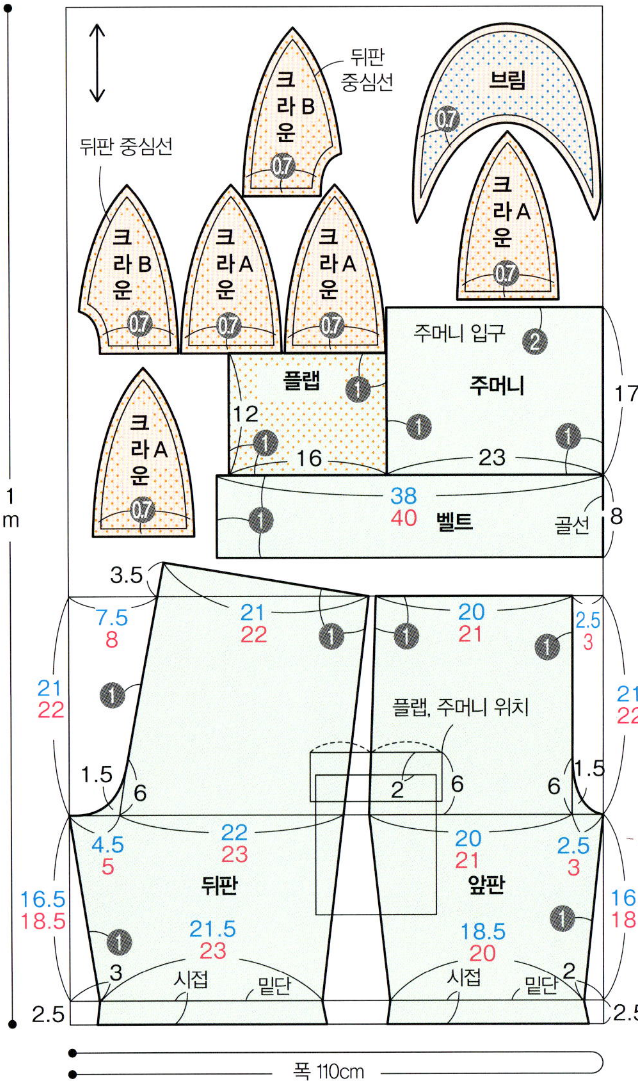

🧵 바느질 순서 : 카고바지(no.43)

1 옆선 박기
2 플랩, 주머니 만들기
3 플랩, 주머니 달기
4 밑아래선 박기(p65의 2 참조)
5 밑위선 박기(p65의 3 참조)
6 밑단 박기
7 벨트 만들기
8 벨트 달기
9 고무밴드 넣기

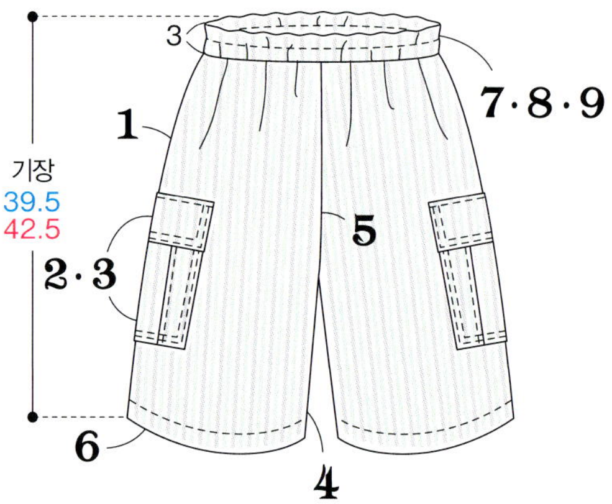

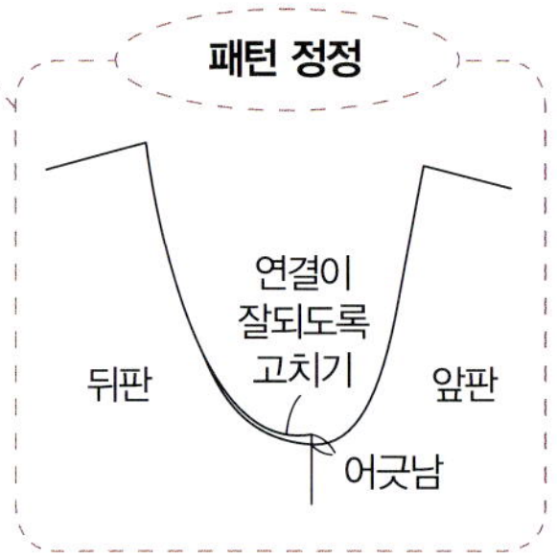

크라운B · 뒤판 중심선 · 브림 · 0.7 · 크라운A · 크라운B · 크라운A · 크라운A · 뒤판 중심선 · 크라운A · 주머니 입구 · 2 · 플랩 · 1 · 주머니 · 1 · 1 · 17 · 1 · 38 40 벨트 · 골선 · 8

3.5 · 7.5 8 · 21 22 · 1 · 20 21 · 1 · 2.5 3 · 21 22 · 21 22 · 1 · 플랩, 주머니 위치 · 1.5 · 6 · 2 · 6 · 6 · 1.5 · 4.5 5 · 22 23 · 뒤판 · 20 21 · 앞판 · 2.5 3 · 16.5 18.5 · 16.5 18.5 · 1 · 3 · 21.5 23 · 시접 · 밑단 · 18.5 20 · 시접 · 밑단 · 2 · 2.5

폭 110cm

3 · 7·8·9 · 1 · 5 · 기장 39.5 42.5 · 2·3 · 6 · 4

패턴 정정
연결이 잘되도록 고치기
뒤판 · 앞판 · 어긋남

= no.42　= 두꺼운 접착심 붙이기
= no.43　= 얇은 접착심 붙이기

1 옆선을 박는다

뒤판
(겉)

앞판(안)

① 1박기

② 시접
펼치기

2 플랩, 주머니를 만든다

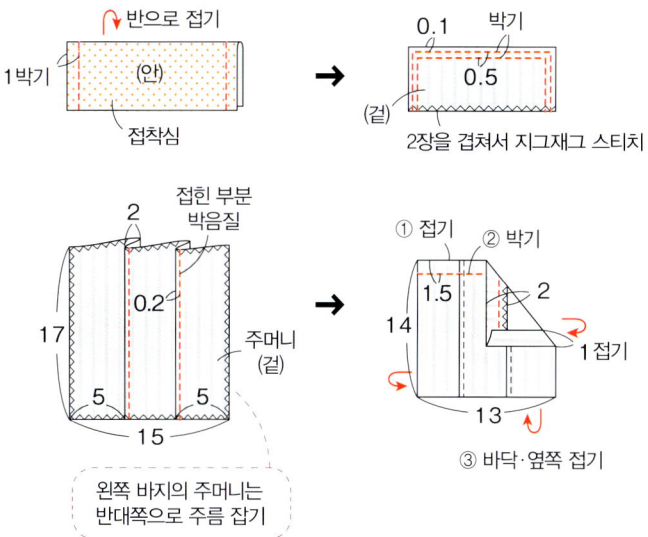

반으로 접기

1박기

(안)

접착심

0.1 박기

0.5

(겉)

2장을 겹쳐서 지그재그 스티치

접힌 부분
박음질

2

17

0.2

5 5

15

주머니
(겉)

① 접기 ② 박기

1.5 2

14 1 접기

13

③ 바닥·옆쪽 접기

왼쪽 바지의 주머니는
반대쪽으로 주름 잡기

3 플랩, 주머니를 단다

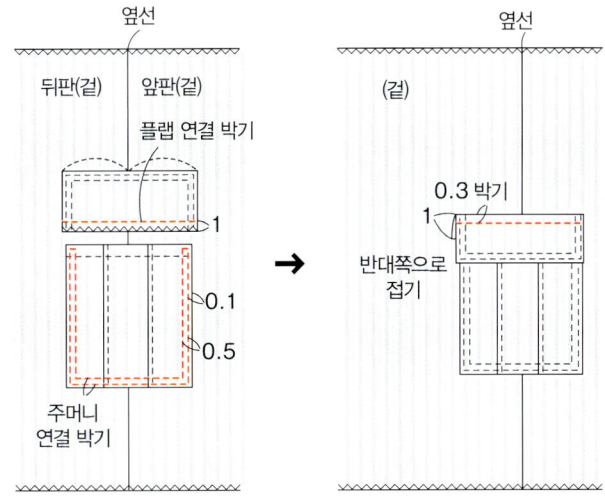

옆선

뒤판(겉) 앞판(겉)

플랩 연결 박기

1

0.1

0.5

주머니
연결 박기

옆선

(겉)

0.3 박기

1

반대쪽으로
접기

4 밑아래선을 박는다 (p65의 2 참조)

5 밑위선을 박는다 (p65의 3 참조)

6 밑단을 박는다

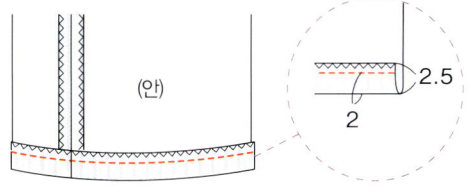

(안)

2.5

2

7 벨트를 만든다

벨트(안) 고무밴드 넣을 입구 남기기

4

박기

펼치기

접기 벨트(안)

8 벨트를 단다

뒤판(안)   박기   벨트(안)

이음매를 왼쪽
옆선 위치에
맞춤

앞판(겉)

→

벨트(겉)

① 바지 안쪽으로 접기   고무밴드 넣을 입구

뒤판
(겉)

② 재봉선 바로 옆을 박기

9 고무밴드를 넣는다

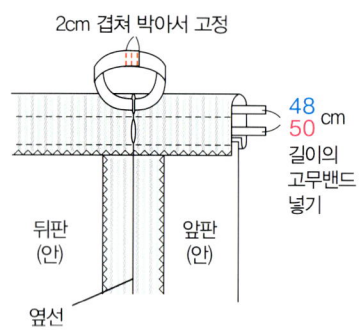

2cm 겹쳐 박아서 고정

뒤판
(안)

앞판
(안)

옆선

48 cm
50
길이의
고무밴드
넣기

🧵 바느질 순서 : 캡(no.42)

1 겉 크라운 만들기
2 겉 크라운과 속 크라운 합치고 고무밴드 넣기
3 브림 만들어 달기
4 골직 리본 달기

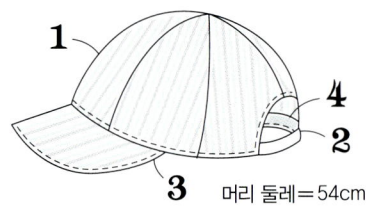

1
4
2
3
머리 둘레=54cm

---

1 겉 크라운을 만든다

※ 속 크라운도 같은 방식으로 제작
※ 속 크라운에는 접착심을 붙이지 않음

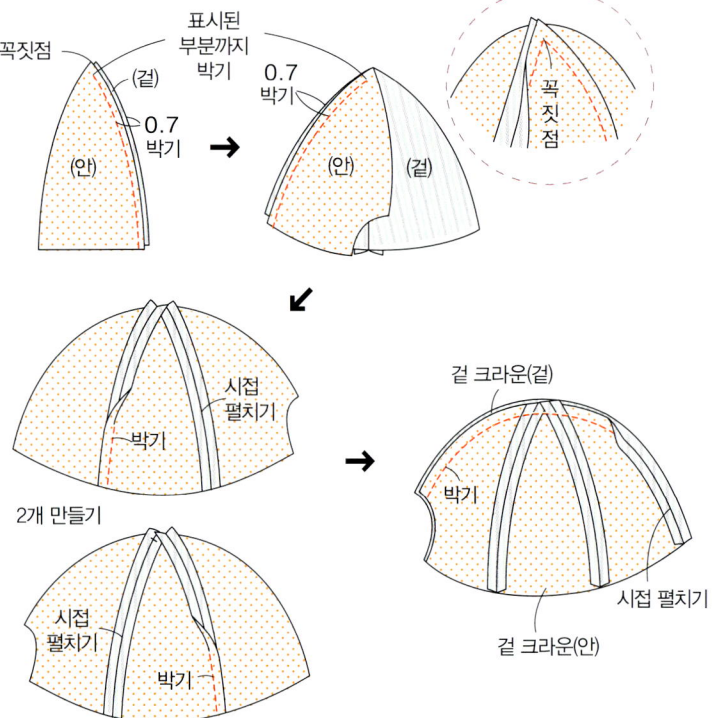

꼭짓점   (겉)   표시된
부분까지
박기

0.7
박기   (안)

0.7
박기   (안)   (겉)

꼭짓점

박기

2개 만들기

시접
펼치기

박기

시접
펼치기   박기

겉 크라운(겉)

박기

시접 펼치기

겉 크라운(안)

2 겉 크라운과 속 크라운을 합치고 고무밴드를 넣는다

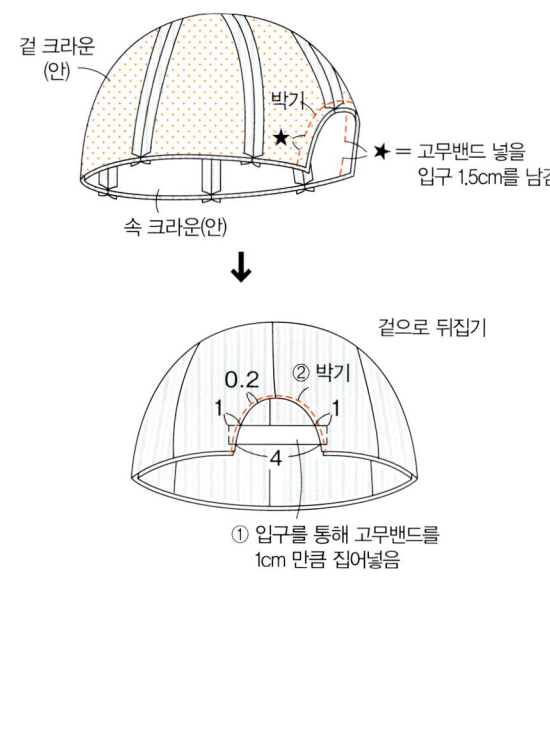

겉 크라운
(안)

박기

속 크라운(안)

★ = 고무밴드 넣을
입구 1.5cm를 남김

겉으로 뒤집기

0.2
1   ② 박기   1
4

① 입구를 통해 고무밴드를
1cm 만큼 집어넣음

3 브림을 만들어 단다

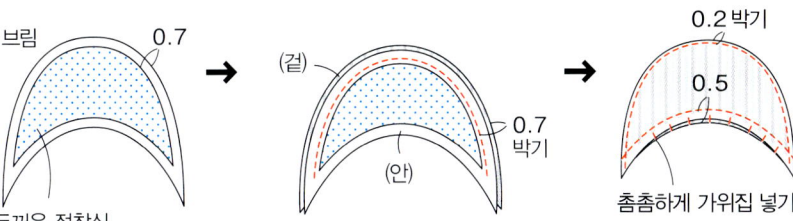

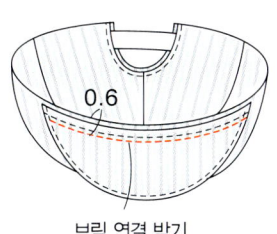

겉으로 뒤집기

브림
0.7
두꺼운 접착심
(겉)
(안)
0.7
박기
0.2 박기
0.5
촘촘하게 가위집 넣기
0.6
브림 연결 박기

4 골직 리본을 단다

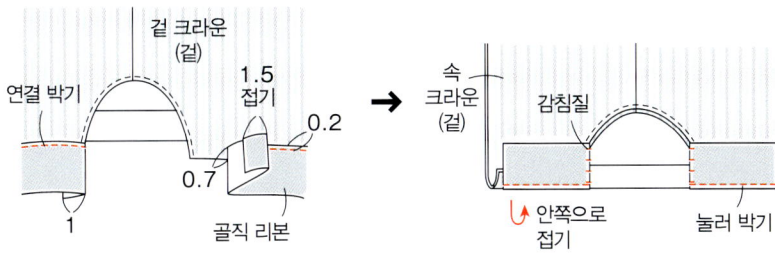

겉 크라운
(겉)
1.5
접기
0.2
연결 박기
0.7
1
골직 리본
속
크라운
(겉)
감침질
안쪽으로
접기
눌러 박기

재료

- 원   단 : 선염 스트라이프(폭 108cm×길이 100cm)
- 부자재 : 레이스(폭 5.5cm×길이 120cm)
        고무밴드(폭 1.5cm×길이 50cm)
        단추 3개(지름 1.3cm)

일러두기

- 이 도안은 110cm 사이즈를 기준으로 작성되었습니다.
- 먼저 재단 도안의 굵은 선을 따라 자른 후, 시접 치수❶과 같은 원숫자만큼 들어간 안쪽에서 바느질합니다.
- 겹쳐진 숫자는 100cm/110cm 사이즈이며, 검은색은 공통 사이즈입니다.

목둘레 바이어스
(65cm 길이로 1장 제작)

2.4

2
패브릭 루프
5~6

no. 45 는 왼쪽에서부터 원단에 선 그리기

1 m

20
21 ❸

바지
앞판 ❶

6 2
3.5
4 ❶

24
25

11
12

15.5
17

소매
연결 끝점

시접   밑단   4 1

33
36

소매   연결부 ❶   9
❷   소맷부리   10

뒤판   ❶

❸

❶

41
44

박음질 끝점

트임 끝점

10
1.5
2 2 2   3.5
4

10
10.5
0.5   2.5 2 2.5   7.5
8

1

20
21 ❸ 2

8.5
9

26
27

바지
뒤판 ❶

❶

2.5   6
6
6.5

11
12

❶   22
23   밑단

4
1

시접

15.5
17

소매
연결 끝점

1.5
10

앞판

41
44

박음질 끝점

23
24 ❸

골선

폭 108cm

☐ = no.44   ☐ = no.45

바느질 순서 : 레이스 블라우스(no.44)

1 주름 잡기
2 목둘레, 뒤판 중심선 박기
3 소매 달기
4 소매 아래, 옆선 박기
5 밑단 박기
6 단추 달기

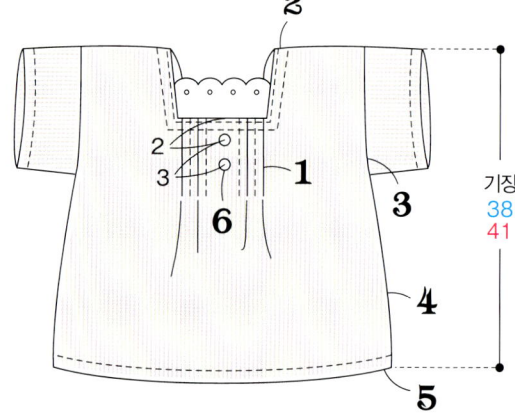

2

2
3

1

6

3

기장
38
41

4

5

1 주름을 잡는다

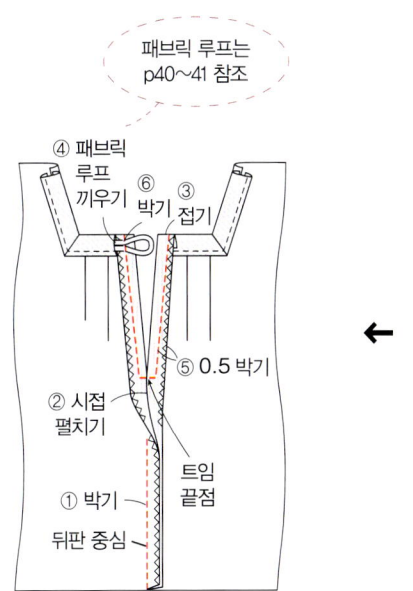

골선
주름 폭
(겉)
박기
되돌아 박기
박음질 끝점

중심   0.3
(겉)
② 주름이 펴지지 않도록 시접 박기

① 중심을 기준으로 주름을 양쪽 방향으로 눕혀 다림질

2 목둘레, 뒤판 중심선을 박는다

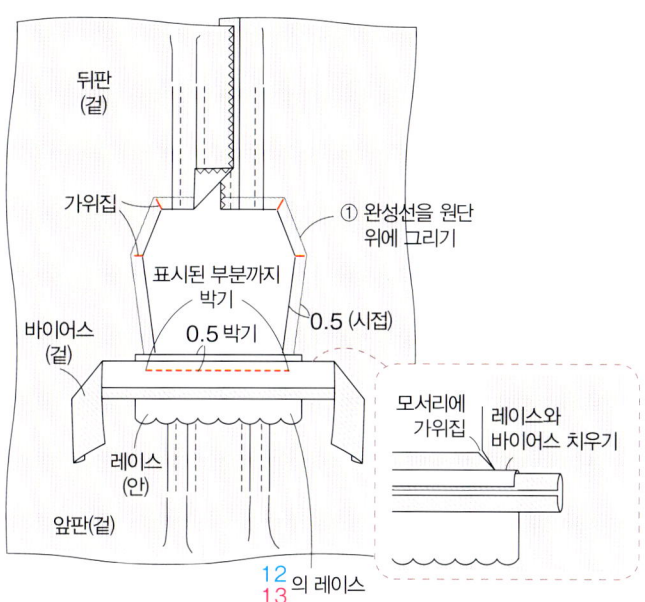

뒤판(겉)
가위집
표시된 부분까지 박기
0.5 박기
바이어스(겉)
레이스(안)
앞판(겉)

① 완성선을 원단 위에 그리기
0.5 (시접)

모서리에 가위집
레이스와 바이어스 치우기

12 의 레이스
13

패브릭 루프는 p40~41 참조

④ 패브릭 루프 끼우기
⑥ 박기 ③ 접기
⑤ 0.5 박기
② 시접 펼치기
① 박기
트임 끝점
뒤판 중심

뒤판(안)
바이어스(겉)
안쪽으로 접기
박기
모서리 접기
앞판(안)

모서리 부분은 바이어스에 가위집 넣기
뒤판(안)
접기
1.2
0.5
레이스와 바이어스를 반대쪽으로 접기
★
박기
레이스 끼우기
접기 1.2
앞판(안)

★ = 모서리에서 박음질을 멈추고, 테이프를 접은 후 표시된 부분부터 박기 시작

3 소매를 단다

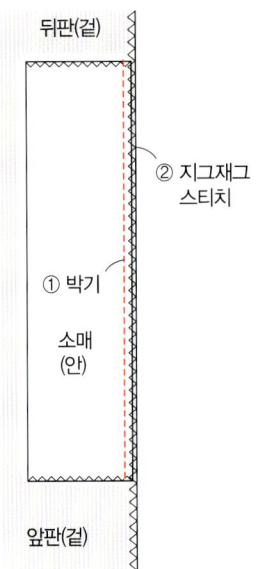

뒤판(겉)

② 지그재그 스티치

① 박기

소매 (안)

앞판(겉)

4 소매 아래, 옆선을 박는다

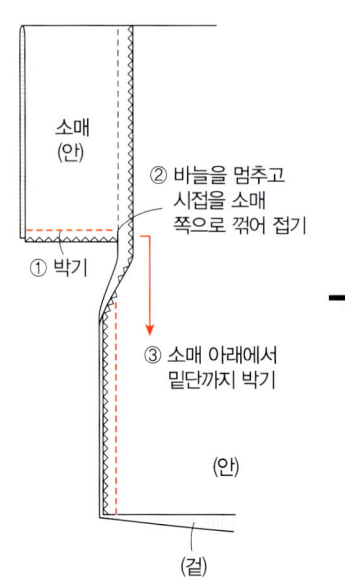

소매 (안)

① 박기

② 바늘을 멈추고 시접을 소매 쪽으로 꺾어 접기

③ 소매 아래에서 밑단까지 박기

(안)

(겉)

→

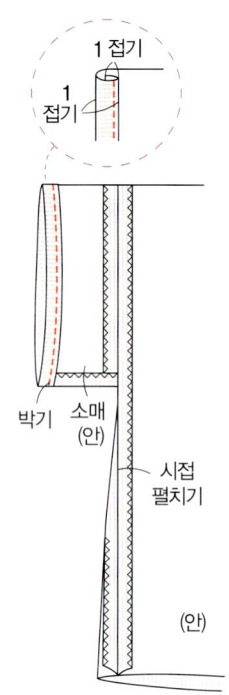

1 접기

1 접기

박기   소매 (안)

시접 펼치기

(안)

5 밑단을 박는다

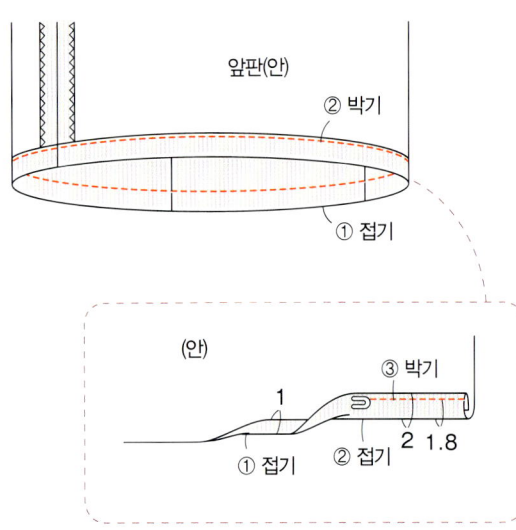

앞판(안)

② 박기

① 접기

(안)

③ 박기

1

① 접기   ② 접기   2   1.8

6 단추를 단다

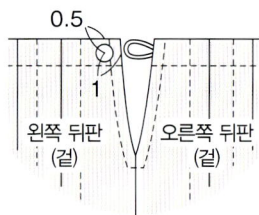

0.5

1

왼쪽 뒤판 (겉)

오른쪽 뒤판 (겉)

🧵 바느질 순서 : 바지(no.45)

1 옆선, 밑아래선 박기
2 레이스를 달고 밑단 박기
3 밑위선 박기(p94의 3 참조)
4 허리선을 박은 후 고무밴드 넣기
　(p94의 4 참조)

　★ = $\frac{48}{50}$ cm 길이의 고무밴드 넣기
　　　(시접 2cm 포함, 1줄)

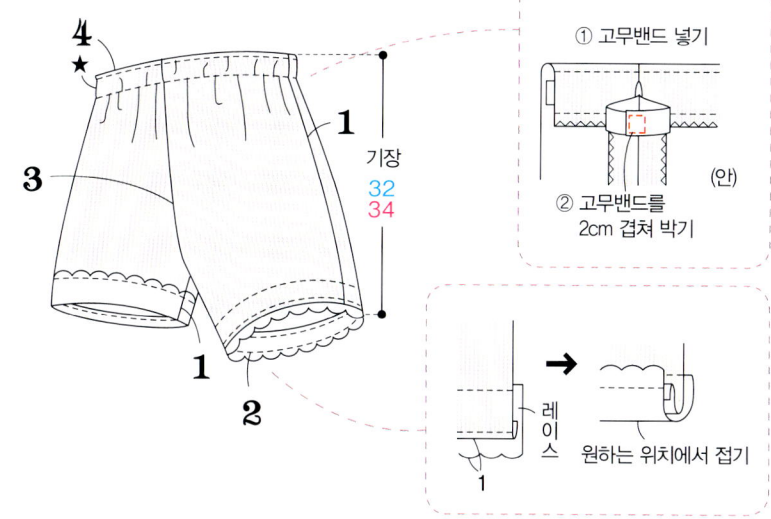

기장
32
34

① 고무밴드 넣기

② 고무밴드를
2cm 겹쳐 박기

(안)

레이스

원하는 위치에서 접기

1

---

1 옆선, 밑아래선을 박는다

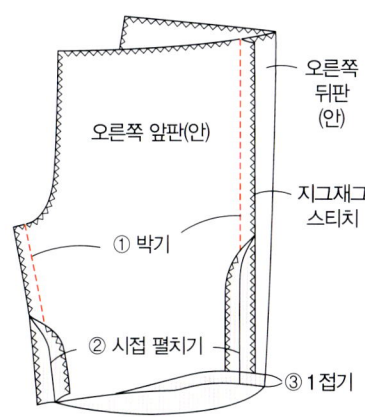

오른쪽 뒤판(안)

오른쪽 앞판(안)

지그재그 스티치

① 박기

② 시접 펼치기

③ 1접기

3 밑위선을 박는다(p94의 3 참조)

4 허리선을 접어 박은 후 고무밴드를 넣는다
　(p94의 4 참조)

2 레이스를 달고 밑단을 박는다

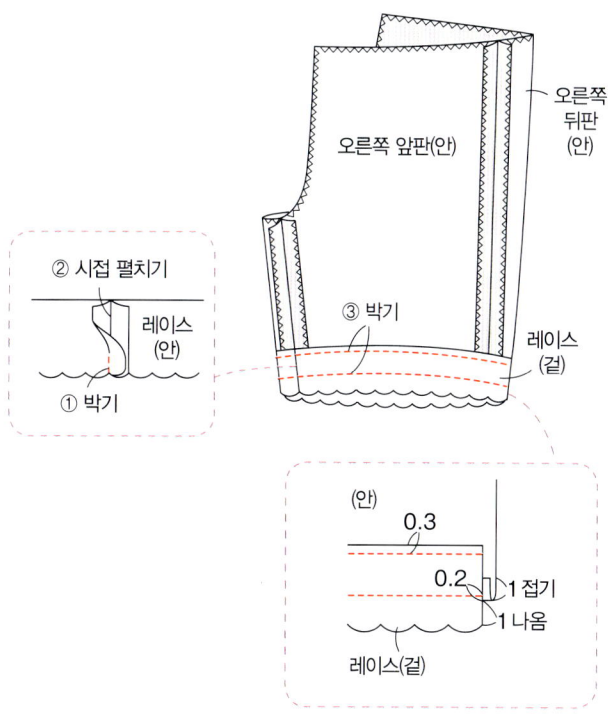

오른쪽 앞판(안)

오른쪽 뒤판(안)

② 시접 펼치기

레이스(안)

① 박기

③ 박기

레이스(겉)

(안)
0.3
0.2
1 접기
1 나옴
레이스(겉)

how to make 멜빵 스커트 & 에코백 p34~35

🧺 재료

- 원 단 : 60수 리플(폭 110cm×길이 100cm)
- 부자재 : 접착심(폭 112cm×길이 50cm)
  고무밴드(폭 1.5cm×길이 40cm)
  사각링 4개(안쪽 폭 3cm)
  가방끈용 테이프(폭 1.8cm×길이 70cm)
  두꺼운 종이

🧺 일러두기

- 이 도안은 110cm 사이즈를 기준으로 작성되었습니다.
- 먼저 재단 도안의 굵은 선을 따라 자른 후, 시접 치수(①과 같은 원숫자)만큼 들어간 안쪽을 바느질합니다.
- 겹쳐진 숫자는 100cm/110cm 사이즈이며, 검은색은 공통 사이즈입니다.
- 멜빵은 아이의 몸에 맞춰 길이를 조절해서 달아 주세요.

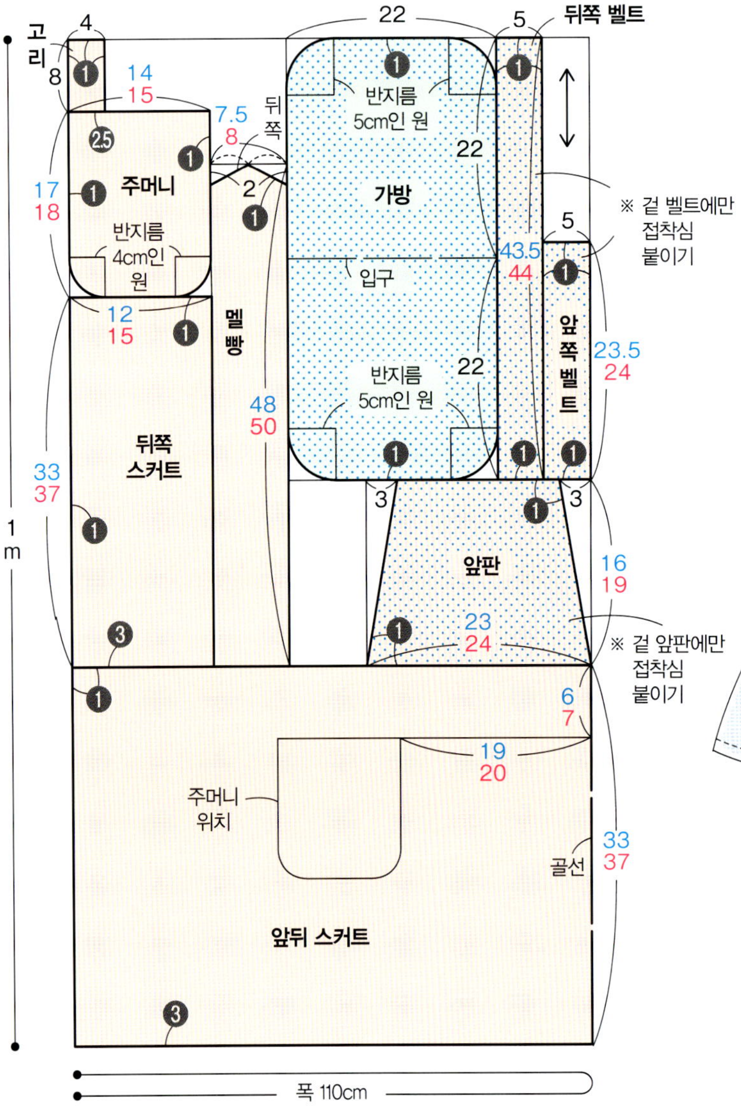

🧺 바느질 순서 : 멜빵 스커트(no,47·49)

1 고리 만들기
2 멜빵 만들기
3 앞판 만들기
4 벨트 사이에 앞판과 멜빵 끼운 채 박기
5 주머니를 만들어 스커트에 달기
6 스커트 만들기
7 스커트와 벨트 연결하기
8 고무밴드 넣기

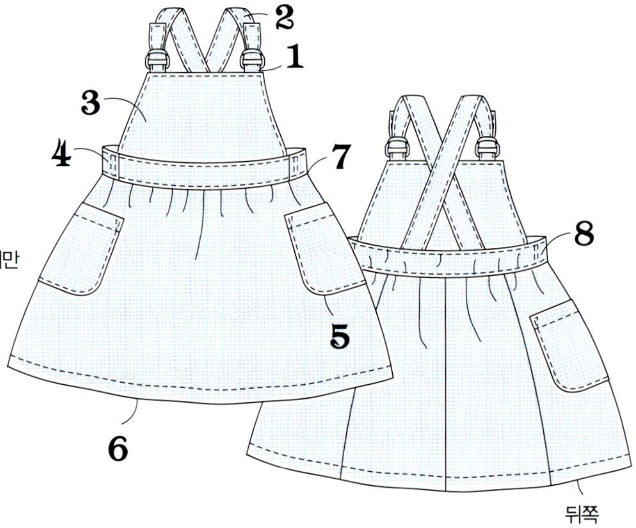

재단 도안 (왼쪽)

고리 · 4 · 8 · ① · 14/15 · 2.5 · ① · 17/18 · 주머니 · 반지름 4cm인 원 · 12/15 · ① · 뒤쪽 스커트 · 멜빵 · 48/50 · 33/37 · ① · ③ · ①

7.5/8 · 뒤쪽 · 2 · ①

22 · ① · 반지름 5cm인 원 · 가방 · 입구 · 반지름 5cm인 원 · 22 · 22 · ① · 3 · ① · 3 · 앞판 · ① · 23/24 · ① · 19/20 · 6/7

5 · 뒤쪽 벨트 · ① · 22 · 5 · 43.5/44 · ① · ※ 겉 벨트에만 접착심 붙이기 · 앞쪽 벨트 · 23.5/24 · ① · ① · 16/19 · ※ 겉 앞판에만 접착심 붙이기

주머니 위치 · 앞뒤 스커트 · 33/37 · 골선 · ③ · 1 m · 폭 110cm

◻ = no,46·48   ◻ = no,47·49   ▨ = 접착심 붙이기

완성 그림
2 1 3 4 7 5 6
8 뒤쪽

110

1 고리를 만든다

3
0.1
박기

↓

2 접기

2 멜빵을 만든다

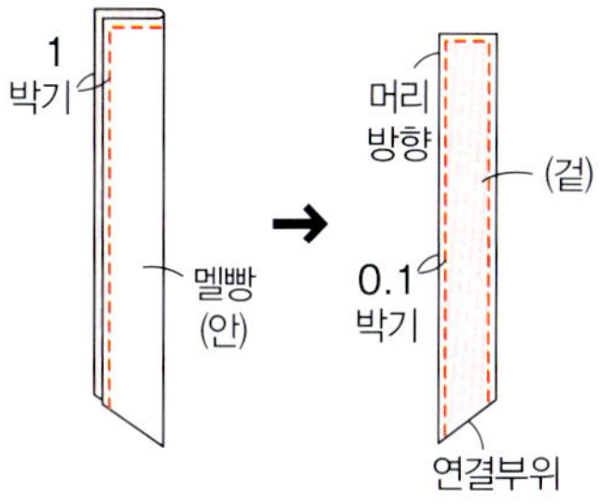

1
박기

멜빵
(안)

→

머리
방향

(겉)

0.1
박기

연결부위

3 앞판을 만든다

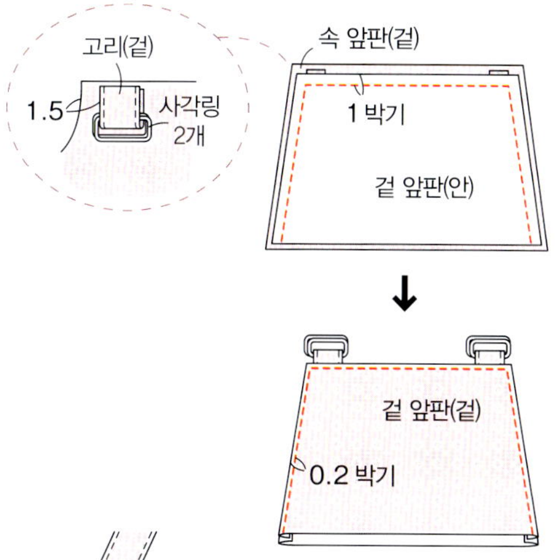

고리(겉)

1.5

사각링
2개

속 앞판(겉)

1 박기

겉 앞판(안)

↓

겉 앞판(겉)

0.2 박기

4 벨트 사이에 앞판과 멜빵을 끼우고 박는다

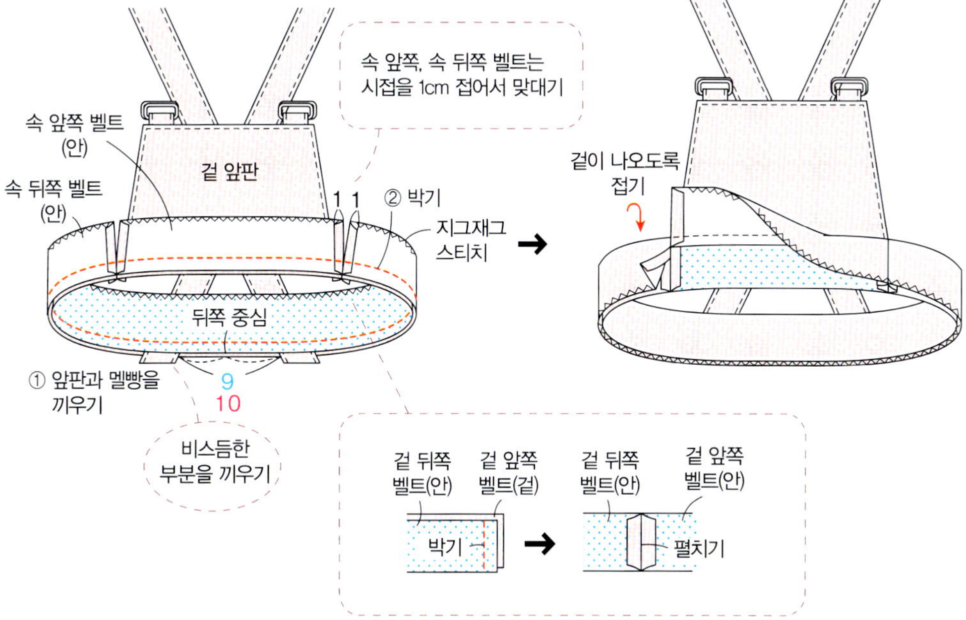

속 앞쪽, 속 뒤쪽 벨트는
시접을 1cm 접어서 맞대기

속 앞쪽 벨트
(안)

속 뒤쪽 벨트
(안)

겉 앞판

1 1

② 박기
지그재그
스티치

뒤쪽 중심

① 앞판과 멜빵을
끼우기

9
10

비스듬한
부분을 끼우기

→

겉이 나오도록
접기

겉 뒤쪽
벨트(안)

겉 앞쪽
벨트(겉)

겉 뒤쪽
벨트(안)

겉 앞쪽
벨트(안)

박기

→

펼치기

5 주머니를 만들어 스커트에 단다

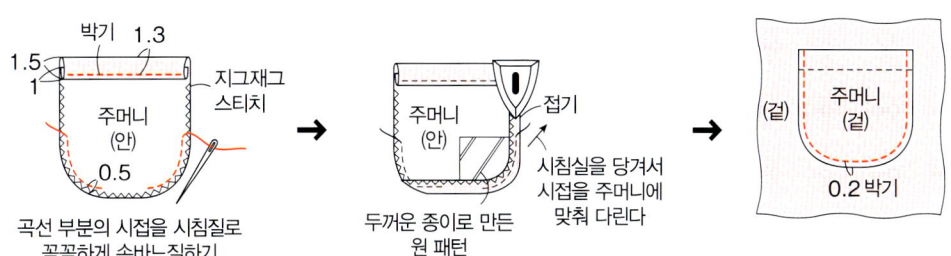

박기 1.3

1.5
1

주머니
(안)

지그재그
스티치

0.5

곡선 부분의 시접을 시침질로
꼼꼼하게 손바느질하기

→

주머니
(안)

접기

두꺼운 종이로 만든
원 패턴

시침실을 당겨서
시접을 주머니에
맞춰 다린다

→

(겉)

주머니
(겉)

0.2 박기

※ 실물 크기의 패턴은 p92 참조

6 스커트를 만든다

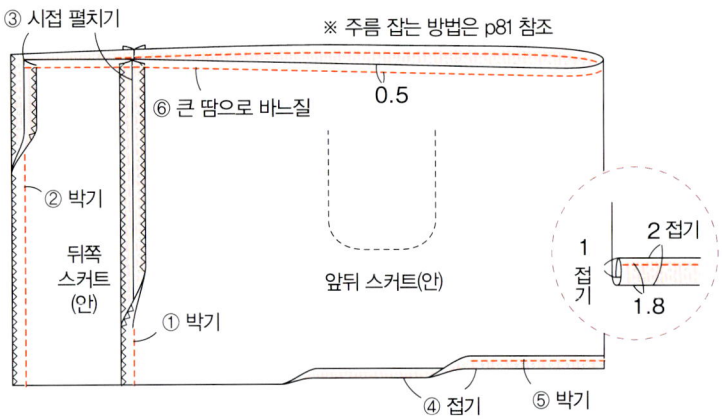

③ 시접 펼치기
※ 주름 잡는 방법은 p81 참조
⑥ 큰 땀으로 바느질
0.5
② 박기
뒤쪽 스커트 (안)
① 박기
앞뒤 스커트(안)
1 접기
2 접기
1.8
④ 접기
⑤ 박기

7 스커트와 벨트를 연결한다

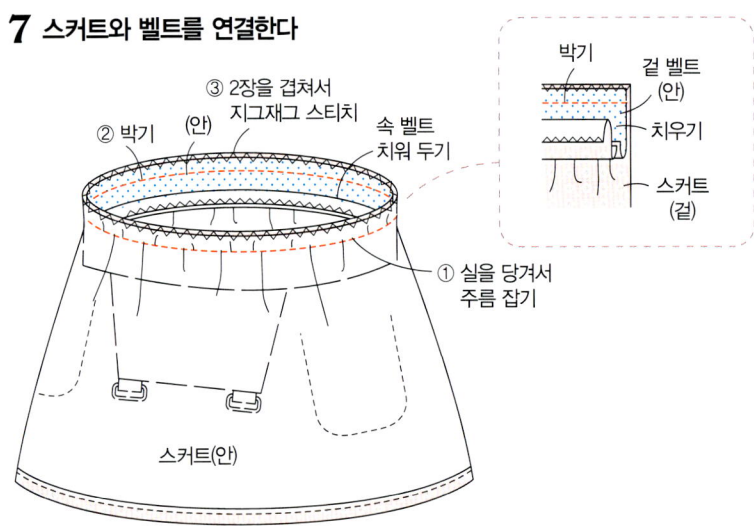

② 박기
(안)
③ 2장을 겹쳐서 지그재그 스티치
속 벨트 치워 두기
박기
겉 벨트 (안)
치우기
스커트 (겉)
① 실을 당겨서 주름 잡기
스커트(안)

8 고무밴드를 넣는다

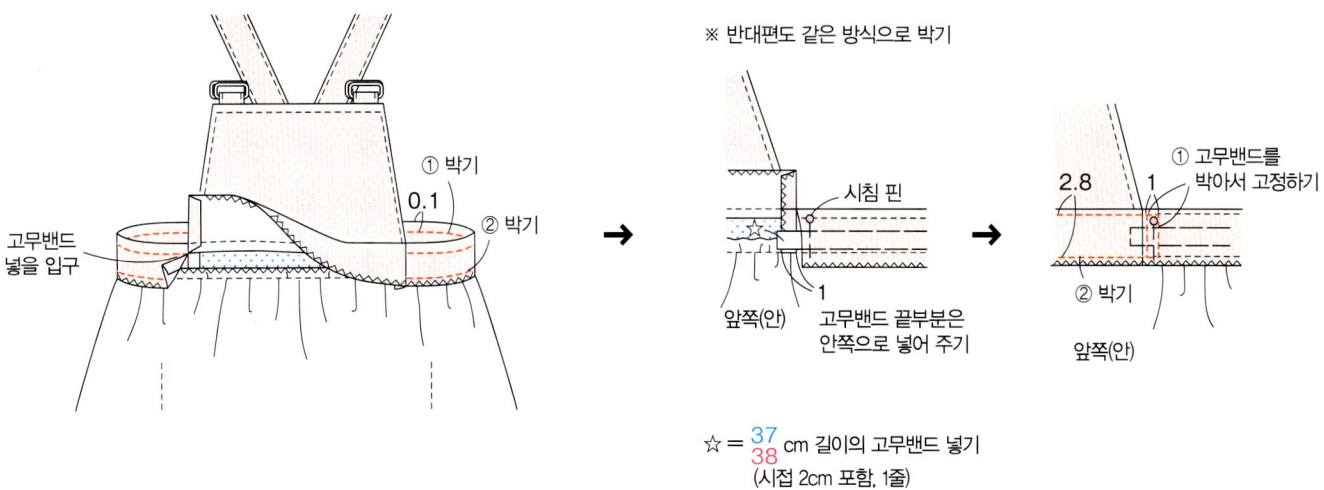

※ 반대편도 같은 방식으로 박기

① 박기
0.1
② 박기
고무밴드 넣을 입구

시침 핀
앞쪽(안)
1
고무밴드 끝부분은 안쪽으로 넣어 주기

→

2.8
1
① 고무밴드를 박아서 고정하기
② 박기
앞쪽(안)

☆ = $\frac{37}{38}$ cm 길이의 고무밴드 넣기
(시접 2cm 포함, 1줄)

🧵 바느질 순서 : 에코백(no.46 · 48)

1 겉주머니, 속주머니를 겹쳐서 가장자리 박기
2 겉으로 뒤집은 후 창구멍 감침질하기
3 테이프 달기

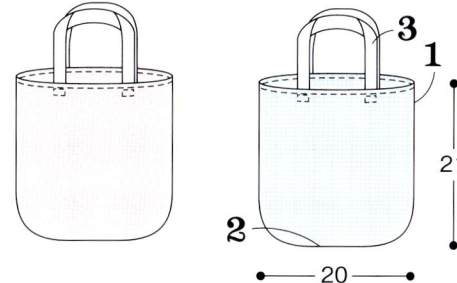

21

20

1 겉주머니, 속주머니를 겹쳐서 가장자리를 박는다

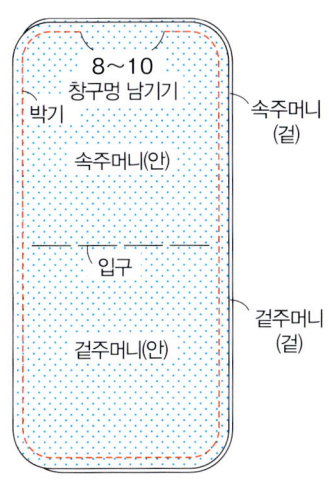

8~10
창구멍 남기기
박기

속주머니(안)

입구

겉주머니(안)

속주머니
(겉)

겉주머니
(겉)

2 겉으로 뒤집은 후 창구멍을 감침질한다

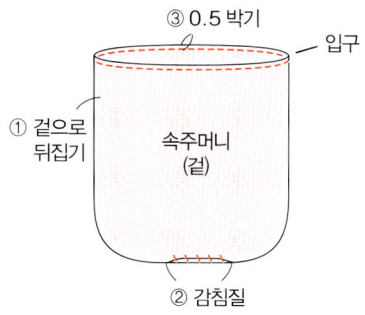

③ 0.5 박기

입구

① 겉으로
뒤집기

속주머니
(겉)

② 감침질

3 테이프를 단다

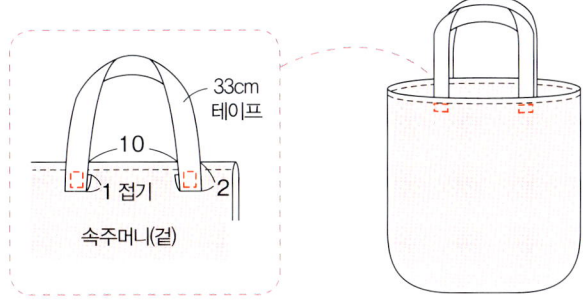

33cm
테이프

10

1 접기   2

속주머니(겉)

how to make 리본 블라우스 & 머리핀 & 포셰트 p36

재료

- 원 단 : 면마 혼방(폭 110cm×길이 100cm)
- 부자재 : 접착심(폭 112cm×길이 25cm)
  바이어스 테이프(폭 1.27cm×길이 200cm)
  고무밴드(폭 0.5cm×길이 110cm)
  가방끈용 테이프(폭 1.8cm×길이 70cm)
  머리핀 2개(길이 3cm)

일러두기

- 이 도안은 110cm 사이즈를 기준으로 작성되었습니다.
- 먼저 재단 도안의 굵은 선을 따라 자른 후, 시접 치수(❶과 같은 원숫자)만큼 들어간 안쪽에서 바느질합니다.
- 겹쳐진 숫자는 100cm/110cm 사이즈이며, 검은색은 공통 사이즈입니다.

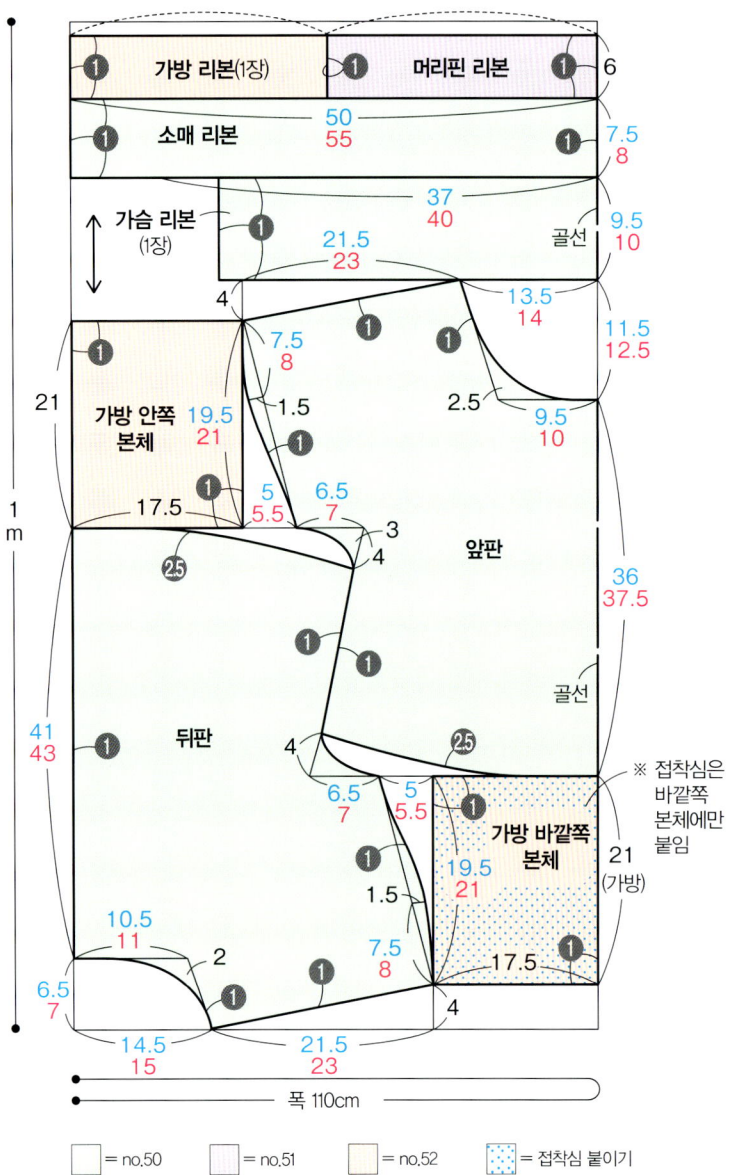

바느질 순서 : 리본 블라우스(no.50)

1 뒤판 중심선 박기
2 옆선, 어깨선 박기
3 목둘레 박기
4 소맷부리 박기
5 밑단 박기(p47의 6 참조)
6 고무밴드 넣기
7 리본 만들어 달기

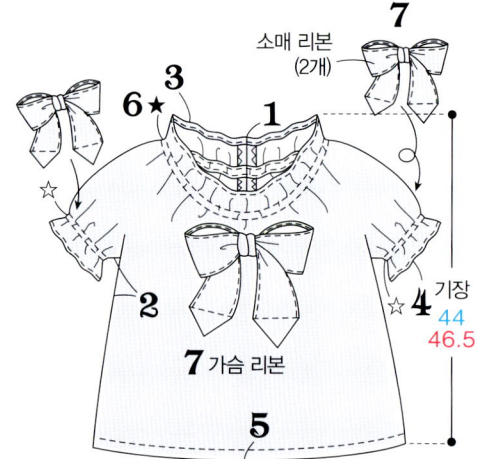

★ = 48/50 cm 길이의 고무밴드 넣기
(시접 2cm 포함, 1줄)

☆ = 23/24 cm 길이의 고무밴드 넣기
(시접 2cm 포함, 2줄)

= no.50   = no.51   = no.52   = 접착심 붙이기

1 뒤판 중심선을 박는다

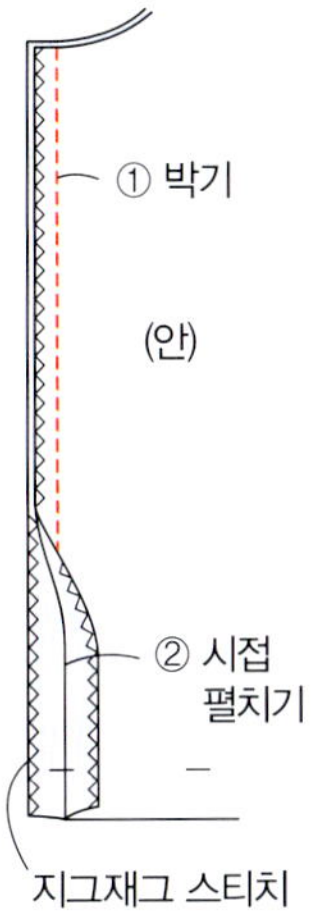

① 박기

(안)

② 시접
펼치기

지그재그 스티치

2 옆선, 어깨선을 박는다

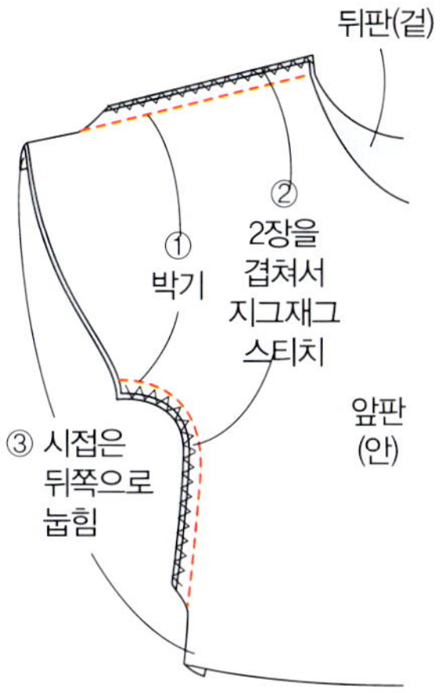

뒤판(겉)

① 박기

② 2장을 겹쳐서 지그재그 스티치

③ 시접은 뒤쪽으로 눕힘

앞판 (안)

3 목둘레를 박는다

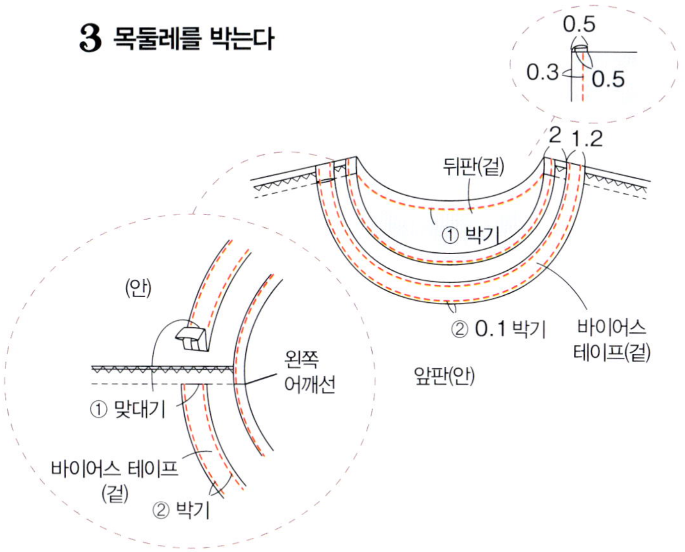

0.5
0.3 0.5

2 1.2

뒤판(겉)

① 박기

② 0.1 박기

바이어스 테이프(겉)

앞판(안)

(안)

① 맞대기

왼쪽 어깨선

바이어스 테이프 (겉)

② 박기

4 소맷부리를 박는다

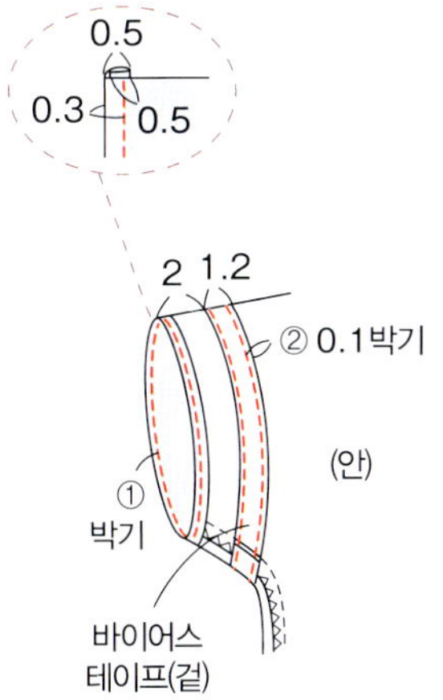

0.5
0.3 0.5

2 1.2

② 0.1박기

① 박기

바이어스 테이프(겉)

(안)

5 밑단을 박는다(p47의 6 참조)

6 고무밴드를 넣는다

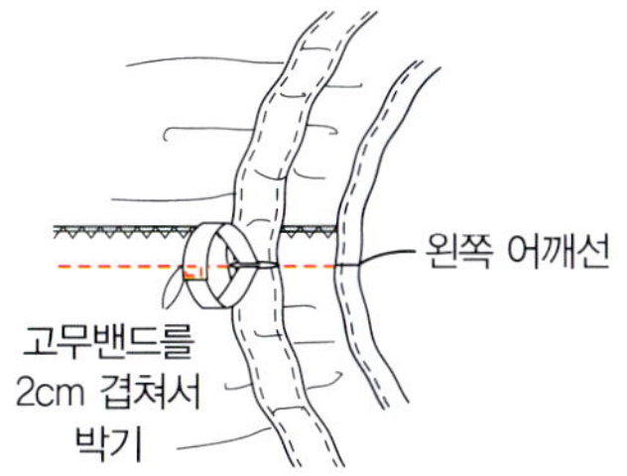

왼쪽 어깨선

고무밴드를 2cm 겹쳐서 박기

7 리본을 만들어 단다

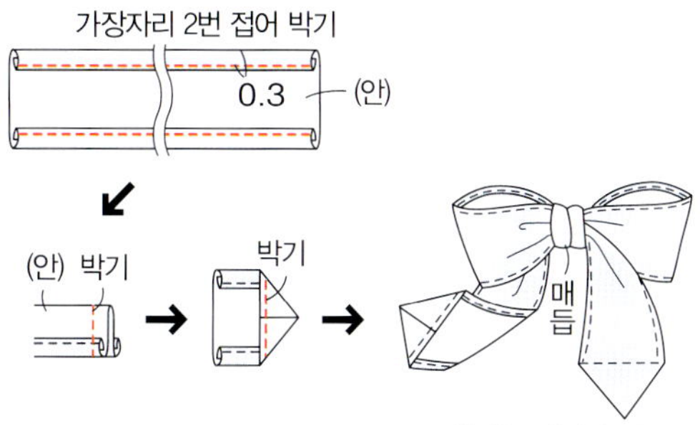

가장자리 2번 접어 박기

0.3 (안)

(안) 박기 박기 매듭

※ 원하는 위치에 리본 달기

🧵 바느질 순서 : 머리핀(no.51)

0.5접기 0.3
0.5 접기

(안)

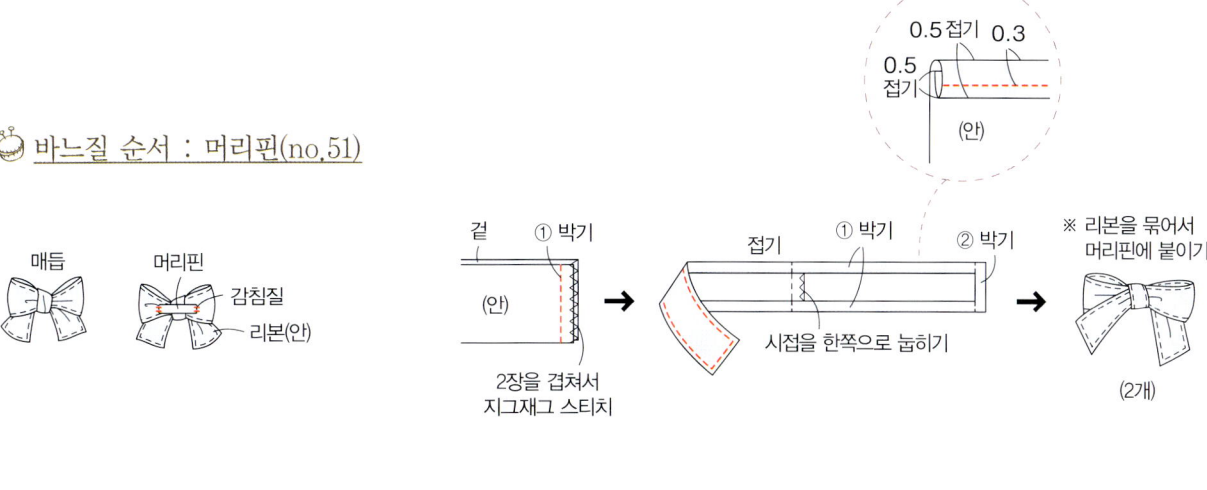

매듭 머리핀 감침질 리본(안)

겉 ① 박기

(안)

2장을 겹쳐서 지그재그 스티치

접기 ① 박기 ② 박기

시접을 한쪽으로 눕히기

※ 리본을 묶어서 머리핀에 붙이기

(2개)

🧵 바느질 순서 : 포셰트(no.52)

1 옆선, 밑선을 박고 모서리 각 잡기
2 입구의 시접 접기
3 테이프를 끼우고 입구 박기
4 리본 만들어 달기

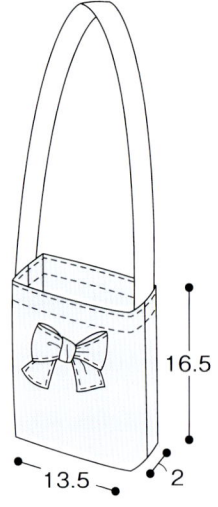

16.5

13.5 · 2

1 옆선, 밑선을 박고 모서리 각을 잡는다

※ 안쪽 본체도 마찬가지로 박기

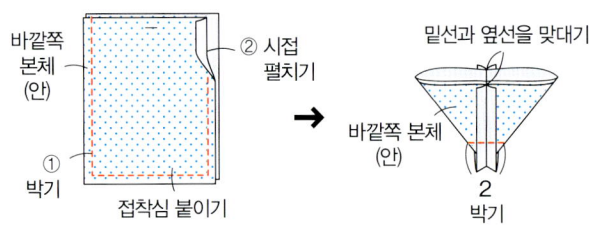

바깥쪽
본체
(안)

② 시접
펼치기

밑선과 옆선을 맞대기

바깥쪽 본체
(안)

① 박기

접착심 붙이기

2
박기

2 입구의 시접을 접는다

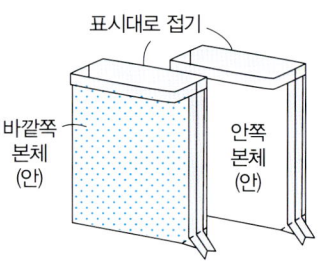

표시대로 접기

바깥쪽
본체
(안)

안쪽
본체
(안)

3 테이프를 끼우고 입구를 박는다

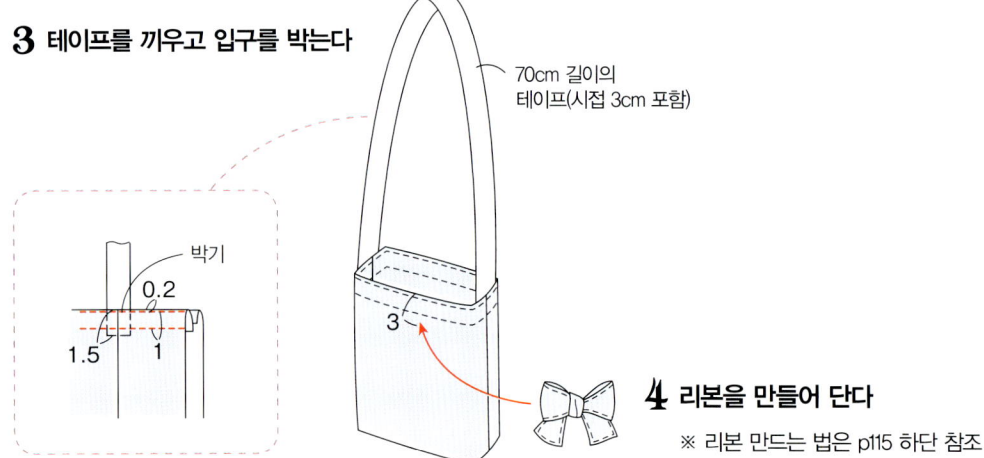

70cm 길이의
테이프(시접 3cm 포함)

박기

0.2

1.5   1

3

4 리본을 만들어 단다

※ 리본 만드는 법은 p115 하단 참조

how to make 스목 원피스 & 요요퀼트 머리끈 & 요요퀼트 머리띠 p37

🧵 재료

- 원 단 : 면마 혼방(폭 110cm×길이 100cm)
- 부자재 : 바이어스 테이프(폭 1.27cm×길이 220cm)
  목둘레, 소맷부리용 고무밴드A(폭 0.5cm×길이 110cm)
  머리띠용 고무밴드B(폭 1.5cm×길이 10cm)
  단추 12개(지름 0.8cm)
  골직 리본(폭 1.5cm×길이 10cm)
  링 머리끈 2개
  두꺼운 종이

🧵 일러두기

- 이 도안은 110cm 사이즈를 기준으로 작성되었습니다.
- 먼저 재단 도안의 굵은 선을 따라 자른 후, 시접 치수❶과 같은 원숫자만큼 들어간 안쪽에서 바느질합니다.
- 겹쳐진 숫자는 100cm/110cm 사이즈이며, 검은색은 공통 사이즈입니다.

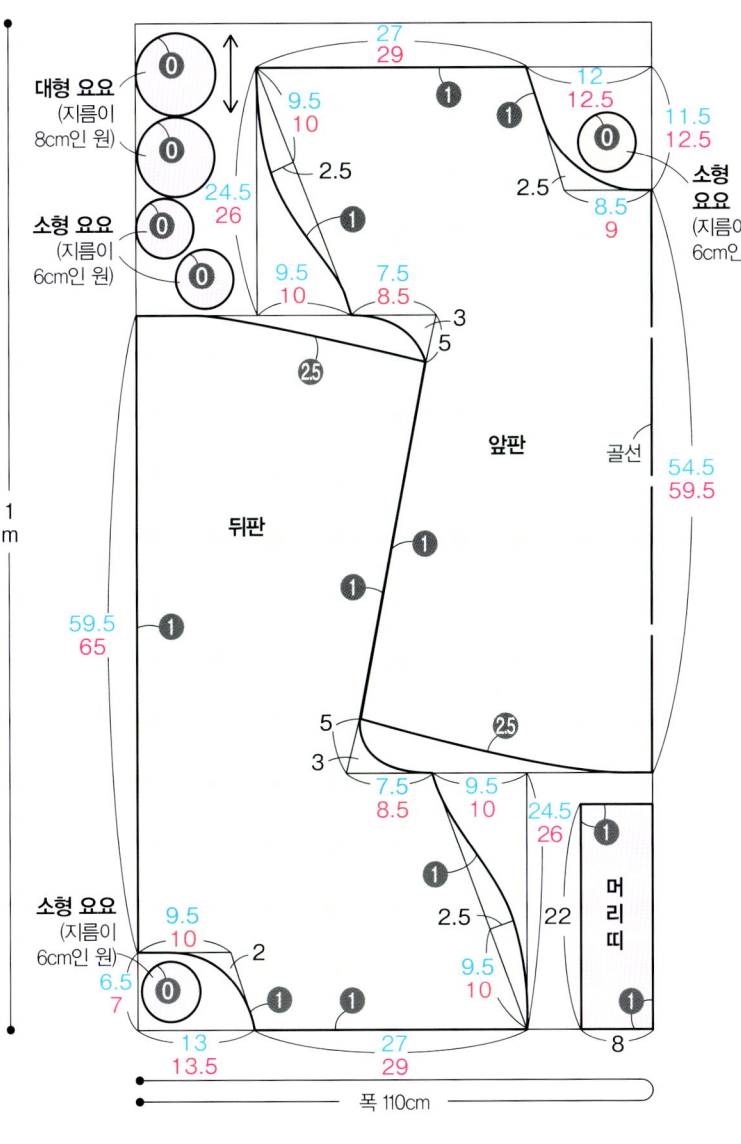

🧵 바느질 순서 : 스목 원피스(no.53)

1 뒤판 중심선 박기
2 옆선, 어깨선 박기
3 목둘레 박기
4 소맷부리 박기
5 밑단 박기
6 고무밴드 넣기

※no.50(p114)의 바느질 순서와 과정이 동일합니다.

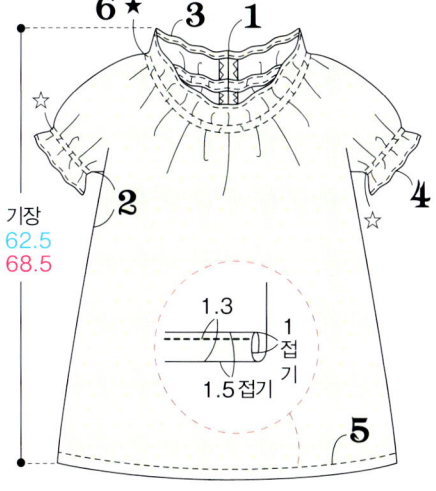

★ = 48/50 cm 길이의 고무밴드 넣기
(시접 2cm 포함, 1줄)

☆ = 23/24 cm 길이의 고무밴드 넣기
(시접 2cm 포함, 2줄)

☐ = no.53   ☐ = no.54   ☐ = no.55

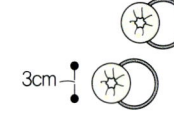

🧵 바느질 순서 : 요요퀼트 머리끈(no.54)

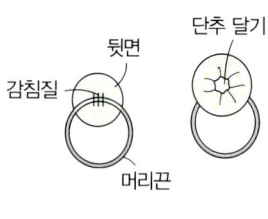

3cm

1 요요퀼트를 만든다

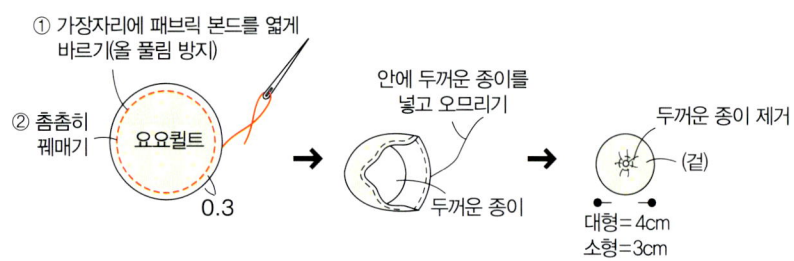

① 가장자리에 패브릭 본드를 얇게 바르기(올 풀림 방지)

② 촘촘히 꿰매기

요요퀼트

0.3

안에 두꺼운 종이를 넣고 오므리기

두꺼운 종이

두꺼운 종이 제거

(겉)

대형=4cm
소형=3cm

2 머리끈을 단다

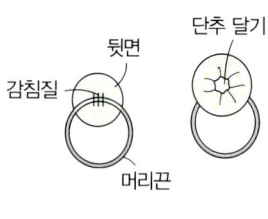

뒷면

단추 달기

감침질

머리끈

🧵 바느질 순서 : 요요퀼트 머리띠(no.55)

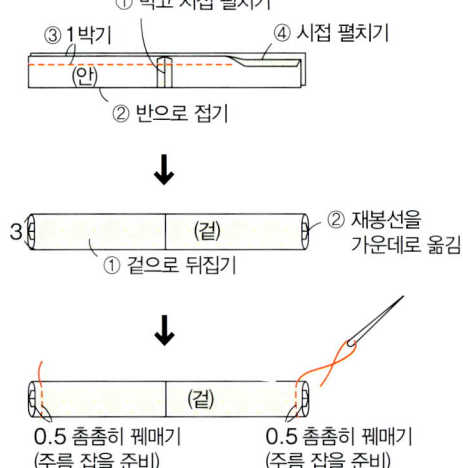

약 47cm

1 요요퀼트를 만든다

※ 위의 1 참조

2 머리띠 본체를 만든다

① 박고 시접 펼치기

③ 1박기

④ 시접 펼치기

(안)

② 반으로 접기

3 (겉)

① 겉으로 뒤집기

② 재봉선을 가운데로 옮김

(겉)

0.5 촘촘히 꿰매기
(주름 잡을 준비)

0.5 촘촘히 꿰매기
(주름 잡을 준비)

3 본체에 고무밴드를 끼운다

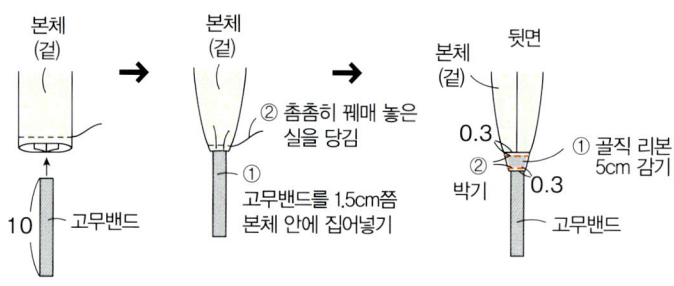

본체
(겉)

10 고무밴드

본체
(겉)

② 촘촘히 꿰매 놓은 실을 당김

①
고무밴드를 1.5cm쯤 본체 안에 집어넣기

본체
(겉)

뒷면

0.3
②
박기

0.3

① 골직 리본 5cm 감기

고무밴드

4 본체에 요요퀼트를 단다

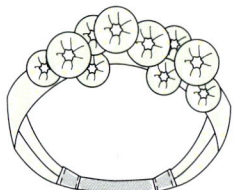

※ 한가운데 단추가 달린 대형, 소형 요요퀼트를 보기 좋게 달아 주기

옷 제작자

프렌치소매 원피스 : 키요노 타카코

어깨리본 튜닉, 배낭 : 오자와 노부코

스목 원피스, 조리개 가방 : 코바야시 히로코

세일러 셔츠, 바지 : 카네마루 카호리

캐미솔 원피스, 토끼 머리띠 : 시부사와 후사코

캐미솔, 호박바지, 꽃 머리끈 : 시부사와 후사코

프릴 튜닉, 스커트 : 시마즈 메구미

아플리케 블라우스, 바지, 슈슈 : 시마즈 메구미

일자소매 원피스, 보자기 가방 : 카네마루 카호리

티어드 원피스 : 카네마루 카호리

앞트임 원피스, 개더백 : 오자와 노부코

양쪽리본 원피스, 둥근바닥 가방 : 오자와 노부코

프릴 원피스, 슈슈 : 코바야시 히로코

날개소매 원피스 : 키요노 타카코

항아리 튜닉, 뒷주머니 바지 : 오자와 노부코

레이스 칼라 블라우스, 리본 스커트, 엄마 슈슈 : 오자와 노부코

콩비네종, 클로슈 : 카미타니 토모코

카고바지, 캡 : 카미타니 토모코

레이스 블라우스, 바지 : 시부사와 후사코

멜빵 스커트, 에코백 : 시부사와 후사코

리본 블라우스, 머리핀, 포셰트 : 카미타니 토모코

스목 원피스, 요요퀼트 머리끈, 요요퀼트 머리띠 : 카미타니 토모코